中国近代新闻学名著系列丛书

芮必峰◎主编

新闻学概要

—— 黄天鹏◎编 ——

中国传媒大学出版社
·北 京·

编委会

主　编　芮必峰

副主编　姜　红　刘　勇

编　委　贾　南　周　彤　张冰清　侯普曼

出版说明

本丛书整理再版了近代在中国用中文出版的经典新闻学著作，所涉及的图书既有专著、教材，也有译著，全面涵盖了新闻学理论、新闻业务、新闻史等领域，成书年份前后跨越40年。在这40年间，中国的新闻学科从无到有、从借鉴到创新，成就巨大。对这些著作的再次出版，为研究中国近代新闻学提供了珍贵的史料，绘制了中国近代新闻学的全景，度量了中国近代新闻学的厚度，填补了该领域空白，也为纪念中国新闻学诞生100周年献上了一份厚礼。

我们请中国人民大学新闻学院教授、博士生导师，广西大学新闻传播学院院长，教育部社会科学委员会委员兼新闻传播学科召集人郑保卫，及中国传媒大学传播研究院院长、教授、博士生导师，中央实施马克思主义理论研究和建设工程新闻学首席专家雷跃捷对本丛书的内容进行了审定，并根据专家的意见进行了修改。在此对两位专家所付出的辛勤劳动表示衷心感谢。

由于历史原因，本丛书中的个别图书存在一些问题，为保存历史原貌，为研究者提供一手的参考资料，影印时均基本保持其原貌，未作大的删改，希望读者结合当时的历史条件和历史环境，对其中的观点进行批判性借鉴。原书中存在一些错别字、漏字和排版错误，我们在影印时均未做改动，敬请读者注意。

由于原书出版年代久远，本丛书中的许多书籍难觅其踪，存世数量稀少，版权状况极其复杂。为了保证本丛书的学术性和完整性，我们将具有价值的图书先行选入其中，进行了抢救性发掘，力图保存中国新闻史珍贵的历史资料。版权所有人若有异议，请及时与我们联系。

为更好地体现中国近代新闻学的发展脉络，本丛书特别收录了欧美学者休曼的《实用新闻学》、斯蒂德的《新闻学的理论与实际》；日本学者松本君平的《新闻学》、后藤武男的《新闻纸研究》、杉村广太郎的《新闻概论》。当年这些书的出版对中国近代新闻学具有一定的借鉴意义。

本丛书为影印制作，成书清晰度由原书决定，由于出版年代久远，受当时生产力水平及制作方法限制，难免会存在一些缺陷，敬请读者谅解。

中国传媒大学出版社

总　序

如果从1903年商务印书馆编译出版日本人松本君平的《新闻学》算起，中国的新闻学已有115年历史①。如果从1918年北大新闻研究会建立，徐宝璜开办新闻学讲座算起，中国新闻学教育和研究迄今正好100年历史。我们搜集整理了清末至民国期间一些有代表性的新闻学书籍，希望借此重现早期中国近代新闻学的本来面貌，反映我国新闻学发展的历史脉络，我们认为，这对中国新闻学术、教育史研究以及中国近现代思想史研究都是很有意义的。

从1903年到1949年9月的40多年间，我国公开出版和内部印行的新闻学书籍，包括专著、教材、论文集、资料汇编、参考工具书等，约468种之多。②它们集中反映了我国新闻学的历史发展轨迹。然而，由于多种原因，这些书籍除了几本曾被重印出版外，大多已经是“只闻其名、难觅其踪”，这对我国新闻学研究不能不说是一个遗憾。

本丛书在梳理1903—1949年间出版的有代表性的新闻学书籍的基础上，精选了50部著作，校订注释，编纂再版，也算对这一遗憾的弥补。

从我们挑选的这50部新闻学书籍来看，中国早期新闻学的发展有三个鲜明的特点：

一、中国早期新闻学的发展与中国社会发展，尤其与国家民族利益息息相关

40多年间，中国新闻学从近乎空白到勃然而兴，这与中国社会的动荡、变

① 黄天鹏回顾新闻运动时说：“有清光绪二十八年，商务印书馆刊行《新闻学》一书，为我国人知有新闻学之始，原书为日人松本君平所著……”资料来源：黄天鹏．新闻运动之回顾［A］．黄天鹏．新闻学名论集［C］．上海：上海联合书店，1929．

② 林德海，等．中国新闻学书目大全1903—1987［M］．北京：新华出版社，1989．

革休戚相关。西方新闻学是现代化的产物，最早形成于19世纪末20世纪初。1901年,“新闻学”一词首见于中文报章[①]，但直到民国前夕，国人对于“新闻有学乎”尚存疑，认为报社就是新闻人才的“养成所”。至1912年上海报业俱进会以“吾国报业之不发达……其最大原因，则为无专门之人才”[②]为由，号召组织报业学堂，培养报业专门人才。不难看出，此时新闻界亦将新闻学视为办报之“技”。至1918年邵飘萍为徐宝璜《新闻学》作序仍“窃叹我国新闻界人才之寥落，良由无人以新闻为一学科而研究之者”[③]。黄天鹏把1903年至1918年新闻学研究会建立之前的十余年视为中国新闻学的启蒙期。[④]

1918年，随着以启蒙为目标的新文化运动愈演愈烈，新思潮涌入国门，“新学”“西学”站在旧传统的对立面被学界关注，新闻学思想也不例外。作为公学之首和新文化运动中心的北京大学率先开办新闻学研究会，力证了“新闻学”存在的正当性；徐宝璜《新闻学》一书问世，成为中国新闻学理论的奠基之作。新闻学教育兴起，新闻学研究著作渐盛，待到北伐前夕，中国新闻学从学理上和实践上俱已建立起来。

新文化运动后期，马克思主义传入中国，资本主义文明逐渐“祛魅”。之后的大萧条使得西方国家的痼疾暴露无遗，曾经“理想之彼方”的西方报业也难以幸免。在这一时代背景下，如何建立“吾国之报业”成为新闻学研究的热点，围绕这一热点，一方面，关于中外新闻理论、新闻事业、新闻业务的著作日益涌现；另一方面，军阀对于激进言论的暴力摧残，又引发了新闻人对于言论自由的论争。20世纪20年代的中国新闻学呈现百家争鸣之势。

“在这言论自由纷争之际，也有若干论调，认为新闻纸不过是一种政治宣传的工具，在新闻学方面也唱过所谓社会主义的新闻理论，不过这种论调没有完成，当头的国难已把这种理论粉碎。”[⑤]“九一八”事变后，面对空前的民族危机,“国家至上、民族至上”成为国论，报业成为勾连与动员社会的渠道和网络，

---

① 梁启超. 本馆第一百册祝辞并论报馆之责任及本馆之经历［J］. 清议报，1901（100）：1–8.

② 戈公振. 中国报学史［M］. 上海：上海书店，1989：278.

③ 徐宝璜. 新闻学［M］. 长春：时代文艺出版社，2009：7.

④ 黄天鹏. 四十年来中国新闻学之演进［M］//龙伟，任羽中，王晓安，何林，吴浩. 民国新闻教育史料选辑. 北京：北京大学出版社，2010：149.（以下征引本书时，一律简注为《民国新闻教育史料选辑》。）黄天鹏在此文中提出他对于1903年到战事结束的40余年间中国新闻学发展阶段的划分，原载《中国新闻学会年刊》第1期，1942年9月。

⑤ 黄天鹏. 四十年来中国新闻学之演进［M］//民国新闻教育史料选辑. 北京：北京大学出版社，2010：161.

致力于推动“舆论统一”。直到全面抗战中期之前，以战争宣传动员为主要研究目标的“战时新闻学”都是新闻学研究的热点。

1943—1949年中华人民共和国成立前夕，随着战争形势的转变，抗日战争已现胜利的曙光，中国新闻学人开始构想新闻业的未来。萨空了①于1943年开始着手书写《科学的新闻学概论》，旨在提醒新闻人应“鉴于美英的前车”②，避免报纸“为大财阀资本家所独占”③，“积极地设法使报纸成为大多数民众自己的相互报道消息、提供意见的工具”④。

二、中国新闻学是“西学东渐”的产物，中国早期新闻学人大多具备西学背景

“西学东渐”的内在精神是中体西用。在“用”的招牌下，西学大量涌入。中国新闻学直接引自日本和美国。首先，中国最早的新闻学译著分别为1903年商务印书馆编辑出版的松本君平的《新闻学》和1913年美国记者休曼著、史青编译的《实用新闻学》。前者成为中国新闻学的开端，而后者作为美国第一本新闻教育著作，“提供采访编辑各种实际问题的解决方案”⑤，也奠定了中国新闻人对于新闻教育之作用的基本构想。

早期中国新闻学人大多具备留美留日的求学背景。徐宝璜曾于美国密歇根大学修习经济学与新闻学，其《新闻学》(1919)的参考文献包括在美国出版的图书23种、在英国出版的图书7种，印证了时任北大校长蔡元培所言，“新闻学之取资，以美为最便矣”⑥。任白涛求学日本早稻田大学政治经济学系时，加入了《朝日新闻》名记者杉村楚人冠等筹建的“大日本新闻学会”⑦，《应用新闻学》

① 萨空了（1907—1988）四川成都人，蒙古族，笔名了了、艾秋飚，记者、主编、新闻学家。1927年任《北京晚报》《世界日报》编辑记者、《世界画报》总编辑。曾任教民国学院新闻系、北京新闻专科学校。1935年任上海《立报》副刊主编、总编辑兼经理。中华人民共和国成立后任中央人民政府新闻总署副署长兼新闻摄影局局长、出版总署副署长、全国政协副秘书长兼《人民政协报》总编辑等职。负责主编《中国大百科全书·新闻出版》卷，著有《科学的新闻学概论》《科学的艺术概论》《宣传心理研究》等。

② 萨空了. 科学的新闻学概论［M］. 香港：文化供应社，1946：36.

③ 萨空了. 科学的新闻学概论［M］. 香港：文化供应社，1946：36.

④ 萨空了. 科学的新闻学概论［M］. 香港：文化供应社，1946：36.

⑤ 黄天鹏. 四十年来中国新闻学之演进［M］//龙伟，任羽中，王晓安，何林，吴浩. 民国新闻教育史料选辑，北京：北京大学出版社，2010：157.

⑥ 邓绍根. 中国新闻学的筚路蓝缕：北京大学新闻学研究会［M］. 北京：清华大学出版社，2015：228.

⑦ 1915年《朝日新闻》的杉村楚人冠等在庆应义塾大学创办“新闻研究会”并讲授课程，后根据该讲义出版了《最近新闻纸学》(1918)。其时，杉村楚人冠还兼任“大日本新闻学会”的筹建者与学会新闻讲座讲师。

（1922）正是仿照杉村楚人冠《最近新闻纸学》一书体例所做。[①]邵飘萍的《实际应用新闻学》（1923）亦参考了《最近新闻纸学》。[②]杉村楚人冠深受美、德新闻思想熏陶，美、日、德的新闻思想因故才传到中国。

事实上，正是留美、留日学生群体的新闻学著述构建起了中国早期新闻学的基本框架。仅本丛书所涉国内著（编）者30人中，剔除资料不详者3人，有留学经历者共计15人。其中留美5人：徐宝璜、伍超、赵敏恒[③]、戈公振[④]、曹用先[⑤]；留日8人：吴定九[⑥]、邵飘萍、黄天鹏、任白涛、张友渔[⑦]、谢六逸、袁殊[⑧]、王文萱[⑨]；

① 周光明. 近代新闻史论稿［M］. 北京：社会科学文献出版社，2014：276.

② 方晓红. 中国新闻简史［M］. 南京：南京师范大学出版社，1996：122.

③ 赵敏恒（1904—1961），记者、新闻学教授。早年就读于清华大学，1923年起先后于美国科罗拉多大学文学院、密苏里大学新闻学院、哥伦比亚大学新闻学院攻读英国文学和新闻学，并获新闻学硕士学位。1925年起在纽约环球通讯社当编辑。1927年回国，在国民政府外交部情报处短暂工作后加入路透社。1945年10月任《新闻报》总编，兼任复旦大学新闻学教授。

④ 留学两个及两个以上国家的，按其留学的第一个国家计。

⑤ 曹用先，女，宁波人，天津南开大学社会科毕业。1926年与未婚夫查良鉴自南开大学毕业后，同赴密歇根大学留学，1930年在该校安娜堡完婚。硕士毕业后回国，曾就职于上海商务印书馆编辑所并任教于大夏大学，1949年与查赴台，1951年4月病逝于台湾。

⑥ 吴定九（1890—1930），名鼎，字定九，嘉定人。著名报人，《京报》元勋之一，著有《新闻事业经营法》。公派赴日本名古屋学习土木工程时，与在东京政法学校读书的邵飘萍成为密友。1923年9月，私立北京平民大学设立报学系，时任京报社经理的吴定九担任教授并讲授专业课程“新闻经营法”。

⑦ 张友渔（1898—1992），原名张象鼎，字友彝，又名张忧虞，山西灵石人。法学家、政治学家、新闻学家。先后求学于山西第一师范学校，国立北平法政大学法律系。1927年任《国民晚报》社长兼总编辑。同年加入中国共产党，任中共北平市委委员兼秘书长。1930年赴日留学。“九一八”事变后回国任《世界日报》主笔及燕京大学、中国大学、民国大学、中法大学、北平大学法商学院教授，讲授宪法学、劳动法学、新闻学和日本问题。1943年起在重庆任中共南方局文委秘书长、《新华日报》社论委员会委员、中共重庆工作委员会候补委员兼政策研究室副主任、《新华日报》代总编辑等职。

⑧ 袁殊（1911—1987），中共谍报人员、记者、新闻学者。早年赴日攻读新闻学、东洋史。曾创办上海自修大学并设新闻专科。1931年3月创办的《文艺新闻》，最早揭露了左联五烈士被害的消息。1932年任新声通讯社记者，经潘汉年引介加入共产党。1942年卧底敌伪报纸《新中国报》，1945年10月转移到苏北解放区；1949年调入中央情报部门。著《记者道》《学校新闻讲话》《新闻大王赫斯特》等书；译《新闻法制论》等。

⑨ 王文萱，曾留学日本，1930年5月翻译杉村广太郎的《新闻概论》。1942年国立社会教育学院新闻系成立，王文萱在该系教授新闻业务课程。1947年年初，李宗仁授意萧一山在北平创办《经世日报》作为喉舌，任命王文萱、蓝文澄两位教授为主笔。

旅欧2人为胡愈之和储玉坤①（详情见表）。这些涉足新闻学研究的归国留学生兼容并蓄，汲取美、日、德等国新闻理论和马克思主义新闻思想的精华，进行本土化改良，亦从侧面反映出中国新闻学的理论来源。

三、中国早期新闻学人往往兼新闻实践、新闻教育、新闻研究于一身

1918年，北京大学新闻学研究会成立，徐宝璜负责讲授新闻学知识。他结合自身从业经验，参考欧美新闻学书目，形成课程讲义；再结合讲课心得，不断完善新闻学理论。1919年，国人自撰的第一本新闻学专著《新闻学》最终成书。徐在自序中细陈写书修书之过程："新闻学乃近世青年学问之一种，尚在发育时期。余对于斯学，虽曾稍事涉猎，然并无系统之研究。客岁蔡校长设立新闻学研究会，命余主任其事，并兼任导师。余乃于暑假中，正式加以研究，就所得著《新闻学大意》一篇，以为开会后讲演之用。……开会后，余继续研究，加以会员之质疑问难，时有心得，遂将原稿加以修改，成第二次之稿……"②显然，"曾稍事涉猎"指其曾经担任《晨报》主笔的工作经历。早期中国新闻学人兼具从业经验和新闻学教学经验者多会总结实践经验、丰富新闻理论、著书立说、传道授业，这种情况并不鲜见。

从早期新闻学著作的作者（编者）身份来看：本丛书涉及国内著（编）者30人，除李公凡、刘元钊和鲁风三人身份不详，仅蒋国珍③、项士元④二人没有明确的新闻从业经验。而在这25人中，更有20人兼具从业经历与从教经历。新闻学人大多具有新闻从业经历，学术研究、传承活动与新闻实践密不可分（详

① 储玉坤，1912年生，江苏宜兴人，笔名雨君、储华。1937年中央政治学校大学部新闻学及国际政治专业毕业。1938年1月任《文汇报》编辑兼社论撰述者；1938年5月担任《文汇报》法国哈瓦斯分社编辑；抗战胜利后，任《文汇报》总主笔。1946年5月转任《申报》主笔和法国新闻社远东分社中文部主任，兼任中国新闻专科学校教务长和沪江大学新闻系教授。著有《现代新闻学概论》《第二次世界大战史》《美国经济》。

② 邓绍根，中国新闻学的筚路蓝缕［M］. 北京：清华大学出版社，2015：244.

③ 蒋国珍出生于1896年，江苏溧阳人，做过学生运动领袖、国民党党员、教育工作者、政府职员、银行经理。曾加入上海学生运动，代表上海全国各界联合会、全国学生联合会、上海各界联合会、学生联合会四团体发声。虞文俊认为其传世的《中国新闻发达史》翻译自日本人伊藤武雄的《中国新闻发达史》，即蒋国珍应为此书的译者而非著者。

④ 项士元（1887—1959），佛教居士、学者。原名元勋，号慈圆，又号石槎。浙江临海人，通日、英、德、梵、俄文，一生佛学著作等身。25岁毕业于杭州府中学堂，后办私立小学和赤城初级师范，兼任各校教师；捐资并赠书创办了临海图书馆。项士元长期辗转江浙等地从事教育、新闻和史志方面的研究工作。中华人民共和国成立后主持台州文管会，任浙江省文史馆馆员。所著《浙江新闻史》是中国最早的新闻史之一。

见表1[①])。

从新闻学著作本身来看，许多民国新闻学书籍正是新闻实践和新闻教育的直接产物：国人自撰的第一部新闻采访学专著——《实际应用新闻学》根据邵飘萍在北京大学新闻学研究会和平民大学新闻系的讲稿所著，《新闻学总论》一书则根据邵氏国立政法大学的新闻学讲义整理而成；周孝庵[②]根据自己在复旦大学的新闻学讲义编著了《最新实验新闻学》；郭步陶[③]的《本国新闻事业》是上海市私立申报新闻函授学校讲义之十一；而《新闻学的基础知识》本就是中美日报读讯会[④]为新闻学自修者所出版的教材《实用新闻学讲义》之一；储玉坤的《现代新闻学概论》则是专门为大学新闻理论教科书而编写的（详见表2）。

正是由于早期新闻学人兼新闻实践、新闻教育、新闻研究于一身，才能为理论教学与著述提供最鲜活的案例，促使新闻实践经验迅速融入新闻学理论研究。这是近代中国新闻学迅速发展的重要因素，对于当今的新闻学研究、新闻学教育工作也有重要启示。

本丛书编委会邀请相关领域资深专家进行研讨，认真甄选了书目，仔细进行了版本比较和甄别，从而保证了本丛书较高的学术权威性。

由于历史的局限，民国新闻学书籍的不足是明显的，如学术理论不成熟、部分话语和话题打上了深深的时代烙印等；又因书中涉及的新闻稿件写作于特定历史环境和历史年代，其表达方式不严谨亦不可避免。盖所选书目皆是历史文献，我们在审校中尽量保持其历史原貌，不做大的删改；对极个别对马克思

---

① 李秀云. 留学生与中国新闻学［M］. 天津：南开大学出版社，2009：239-251. 本书中李秀云整理了民国期间从事新闻学研究的留学生44人，并分析其留学国别构成、专业构成、新闻实践经历、从教经历等。

② 周孝庵（1900—1973），佛教学者、律师、报人。松江府人。毕业于江苏省立第一商业学校。历任上海时事新报馆记者、编辑、主编，著《最新实验新闻学》。1928年秋被复旦大学聘为新闻学教授。曾于上海法政大学获法学学士学位，1930年兼律师。1932年主编上海《新闻报》“法律质疑”栏目、编著了《法律质疑汇编》。上海沦陷后，曾氏关闭了律师事务所，潜心佛学研究。

③ 郭步陶（1879—1962），原名成爽，后改名惜，字步陶。四川隆昌人。名记者、新闻研究者。1911—1917年任《申报》编辑，1917年任《新闻报》编辑主任、主笔。1930年任教于复旦大学新闻系。上海沦陷后赴香港，任职于《申报》（香港）、《星岛日报》；1939年创建中国新闻学院（香港）并任院长。抗战胜利后回沪任教于复旦大学、新中国学院。

④ 《中美日报》是“孤岛”时期的国民党报纸，为躲避日伪新闻检查，在美商罗斯福出版公司招牌下运作，副刊有《集纳》《堡垒》等。1938年11月创刊，1941年12月停刊，1945年8月复刊，次年4月终刊。总编先后为杨励民、查修、詹文浒，总主笔周宪文，执笔者有储玉坤、章丹枫等。胡道静曾任英文编辑。报社读讯会为自修新闻学的读者出版了《实用新闻学讲义》，共计10种，对编辑术、采访术、评论作法、新闻写作、新闻学史、剪报工作等都有专篇论述。

主义、共产党等的不适当叙述已进行了删除处理。

本丛书规模较大，从策划项目、搜集资料、校订编纂到审稿成书，历时两年有余。这50本书可能并非本本经典，其中有些内容亦有重复、雷同之处，但瑕不掩瑜，它们对于研究中国新闻学功不可没，作为新闻史资料极具研究价值。感谢中国传媒大学出版社和安徽大学新闻传播学院诸位老师的辛勤付出，也希望读者在本丛书中能读出更丰富的内容，获得启发并更深入地思考。

丛书主编　芮必峰

2018年5月7日

附表：

表1　著者受教育、从业、从教及著述情况列表

序号	姓名	是否留学及留学国家	从业经历	从教经历	著作
1	徐宝璜	美国密歇根大学，经济学、新闻学	北京《晨报》主笔	北京大学新闻学研究会、北京平民大学新闻系	《新闻学》《新闻事业》
2	戈公振	1927年赴美国、日本考察新闻事业	首创《图画时报》、"上海新闻记者联合会"会长、《申报》总管理处设计处主任兼《申报星期画刊》主编	上海南方大学新闻系、上海国民大学新闻系、复旦大学新闻系、上海沪江大学商学院、上海民治新闻学院	《新闻学撮要》《中国报学史》《新闻学》
3	邵飘萍	东京政法学校	《汉民日报》主编、《时事新报》《申报》《时报》主笔、创办"北京新闻编译社"、《京报》社长	北京大学新闻学研究会、北京平民大学新闻系、国立法政大学	《实际应用新闻学》《新闻学总论》
4	吴定九	日本名古屋工业专门学校土木工程	主持《京报》	北京平民大学新闻系、国立法政大学	《新闻事业经营法》
5	谢六逸	日本早稻田大学东洋文学史	《立报》文艺副刊《言林》主编、《国民周刊》《趣味》周刊主编	复旦大学新闻系、申报新闻函授学校、国立社会教育学院新闻系、暨南大学新闻系、大夏大学新闻系	《实用新闻学》《国外新闻事业》《新闻储藏研究》
6	黄天鹏	日本早稻田大学新闻系硕士	在北平创刊《新闻学刊》并担任主编	复旦大学新闻系、上海沪江大学商学院新闻学科	《新闻文学概论》《中国新闻事业》《新闻学入门》《新闻学概要》
7	赵敏恒	美国科罗拉多大学文学院、密苏里大学新闻学院、哥伦比亚大学新闻学院攻读英国文学和新闻学，并获新闻学硕士学位	纽约环球通讯社编辑，后加入路透社。"九一八"事变后为美国国际新闻社、伦敦《每日电讯报》《朝日新闻》等供稿。1945年10月任《新闻报》总编辑	复旦大学新闻系、中央政治学校新闻系、暨南大学新闻系	《外人在华的新闻事业》

续表

序号	姓名	是否留学及留学国家	从业经历	从教经历	著作
8	周孝庵	无	历任上海时事新报馆记者、编辑、主编；主编《上海新闻报》“法律质疑”栏目	复旦大学新闻系、新闻大学函授科	《最新实验新闻学》
9	张友渔	1930年、1932年、1935年多次赴日学习新闻学、考察日本新闻事业	《世界日报》编辑、《大同晚报》总编辑、《国民晚报》社长、《泰晤士报》总编辑、《新华日报》社论委员	燕京大学新闻系、北平民国学院新闻系	《新闻之理论与现象》《日本新闻发达史》
10	袁殊	日本新闻专科学校、早稻田大学历史系	创办《文艺新闻》《译报》、新声通讯社记者	上海自修大学新闻专科	《记者道》《学校新闻讲话》《新闻大王赫斯特》《新闻法制论》（译）
11	胡愈之	1928年法国巴黎大学攻读国际法	《东方杂志》编辑、创办《公理日报》、哈瓦斯通讯社远东分社中文部编辑主任、主编新加坡《南洋商报》		《胡愈之出版文集》
12	储玉坤	留法	《新闻报》编辑、《文汇报》编辑、法国哈瓦斯通讯社中国分社编辑、《文汇报》总主笔、《申报》主笔、法国新闻社远东分社中文部主任	中国新闻专科学校、沪江大学新闻系、之江大学新闻系、致用大学新闻学系	《现代新闻学概论》
13	任白涛	日本早稻田大学政治经济学	创办中国新闻学社、《新湖北日报》总编辑		《应用新闻学》《综合新闻学》
14	曹用先	美国密歇根大学①	上海商务印书馆编辑所②	大夏大学③	《新闻学》

① 毛彦文. 往事［M］. 北京：商务印书馆，2012：28.

② 雪林. 一段值得介绍的婚姻（红藏·生活·第四卷第三十八期）［M］. 湘潭：湘潭大学出版社，2014：435-437.

③ 毛彦文. 往事［M］. 北京：商务印书馆，2012：28.

续表

序号	姓名	是否留学及留学国家	从业经历	从教经历	著作
15	王文萱	留日①	《经世日报》②	国立社会教育学院新闻系③	《新闻概论》（译）
16	伍超	留美“攻读新闻科”④			《新闻学大纲》
17	郭步陶	无	《申报》编辑、《新闻报》编辑主任兼主笔、《申报》（香港）、《星岛日报》编辑	复旦大学新闻系、《申报》新闻函授学校、中国新闻学院（香港）、新中国学院	《本国新闻事业》
18	任毕明⑤	无	《民国日报》《时报》《快报》主笔、《大众日报》总编辑	香港中华新闻学院	《战时新闻学》《评论学十讲》
19	赵君豪⑥	无	《申报》副总编辑	上海商学院新闻专修科、复旦大学新闻系、上海法政学院新闻专修科	《中国近代之报业》《上海报人的奋斗》

① 杉村广太郎. 新闻概论 · 黄序［M］. 王文萱，译. 上海：联合书店，1930.

② 冯国定. 忆萧一山先生［M］//中国人民政治协商会议北京市委员会文史资料研究委员会文史资料选编（第43辑），北京：北京出版社，1992：104.

③ 苏州大学社会教育学院. 峥嵘岁月（第三集）［M］. 北京、上海、南京、苏州校会. 1991：229.

④ 伍超. 新闻学大纲 · 自序［M］. 上海：商务印书馆，1925.

⑤ 任毕明，原名任大任，生于1904年，广东鹤山人。1925年在广西梧州创办《民国日报》，曾任《时报》《快报》主笔，主持过香港的《大众日报》。参与创办香港中华新闻学院，并任教。著作有《龙虎集》《风云集》《社会大学》《新社会大学》《战时新闻学》和《评论学十讲》等。

⑥ 赵君豪（1900—？）江苏兴化人。报人。“五四时期”求学于上海交通大学，经常给著名的《民国日报》副刊《觉悟》投稿，并与时任《觉悟》编辑的邵力子讨论种种社会改造问题。毕业后进入《申报》馆工作，抗战后任《申报》副总编辑。1929、1942年两度兼任复旦大学新闻系编辑教授；1930年兼任上海法政学院新闻专修科教授，讲授采访学；曾任《申报》新闻函授学校教授。1944年10月在重庆出版《上海报人的奋斗》。

续表

序号	姓名	是否留学及留学国家	从业经历	从教经历	著作
20	杜绍文①	无	杭州《民国日报》国际版编辑、《东南日报》《前线日报》主笔兼《新闻战线》周刊主编、《东南日报》总编辑、《文汇报》办公室主任	复旦大学新闻系	《新闻政策》《中国报人之路》《战时报学讲话》《国际新闻纵横谈》
21	胡道静②	无	《万有文库》编辑、上海通志馆编修、《通报》《中美日报》《大晚报》等报记者、编辑、撰稿人	上海法政学院新闻专修科	《上海新闻事业之史的发展》
22	张静庐	无	创办上海杂志公司并出任总经理		《中国的新闻记者与新闻纸》《中国近代出版史料》《中国现代出版史料》《中国出版史料》《在出版界二十年》
23	萨空了	无	《北京晚报》编辑记者、《世界日报》画刊编辑、《世界画报》总编辑、天津《大公报》艺术半月刊主编	民国学院新闻系、北京新闻专科学校	《科学的新闻学概论》

① 杜绍文（1909—？），又名杜超彬，广东澄海人。1927年入复旦大学中文学新闻组学习，1931年留校助教。后任杭州《民国日报》国际版编辑、资料室主任、浙江《东南日报》主笔。抗战期间主编浙江战时新闻学会会刊《战时记者》月刊，《国民日报》总编辑、社长；抗战胜利后任上海《前线日报》主笔兼《新闻战线》周刊主编。1946年至1951年间任复旦大学新闻系教授，1952年任上海《文汇报》记者、编委办公室主任。著有《新闻政策》《中国报人之路》《战时报学讲话》《国际新闻纵横谈》。

② 胡道静（1913—2003），安徽泾县人。1931年毕业于上海持志大学国语系。曾参加《万有文库》编辑和上海通志馆编修工作。“孤岛”时期坚守上海新闻界抗日宣传工作，任《通报》《中美日报》《大晚报》《密勒氏评论报》记者、编辑、撰稿人，同时在上海法政学院新闻专修科讲授新闻史课程，为共产党的抗日宣传培养新闻干部。1949年后历任中华书局上海编辑所编辑、上海人民出版社编审等。

续表

序号	姓名	是否留学及留学国家	从业经历	从教经历	著作
24	管照微[①]		复旦大学校刊编辑、1931 年兼任上海新闻社记者	兰州大学经济系	编《新闻学论集》
25	项士元				
26	蒋国珍	疑为《中国新闻发达史》的译者而非著者[②]			
28	李公凡	不详			
27	鲁风	不详			
28	刘元钊	不详			

① 管照微，高中就读于上海立达学园，曾与王济深、刘仲达、唐旭之等先后组织了“时潮社”和“立达剧团”。后进入复旦大学新闻系学习，与伍梦窗、林楚君、向浦、徐之津等加入了复旦大学“左联”，并负责复旦大学的校刊编辑工作。1933年12月21日因宣传左翼思想被捕，后任教于兰州大学经济系。

② 虞文俊是东亚中国新闻史研究第一人。《中国新闻发达史》译者蒋国珍初考［J］. 新闻界，2015（15）.

表2　书目

序号	年份	书名	作者	备注
1	1903	新闻学	〔日〕松本君平 著	
2	1913	实用新闻学	〔美〕休曼著 史青译	
3	1919.12	新闻学	徐宝璜① 著	北京大学 新闻研究会讲稿
4	1922.11	应用新闻学	任白涛② 著	
5	1923.8	实际应用新闻学	邵振青 著	北京平民大学、 国立法政大学讲义
6	1924.4	新闻事业	徐宝璜 胡愈之 著	
7	1924.6	新闻学总论	邵飘萍 著	
8	1925.1	新闻学大纲	伍超 著	
9	1925.2	新闻学撮要	戈公振③ 编	
10	1927.9	中国新闻发达史	蒋国珍 著	
11	1927.11	中国报学史	戈公振 著	
12	1928.9	中国的新闻纸	张静庐 著	
13	1928.11	最新实验新闻学（上）	周孝庵 著	复旦大学新闻系
14	1928.11	最新实验新闻学（下）	周孝庵 著	复旦大学新闻系
15	1930.4	新闻事业经营法	吴定九 著	
16	1930.5	新闻概论	〔日〕杉村广太郎 著 王文萱 译	

① 徐宝璜，中国新闻学者、新闻教育家。1912年毕业于北京大学，后公费留美，于密歇根大学攻读经济学、新闻学。徐宝璜在美国密苏里大学受过系统的新闻学教育。

② 任白涛，笔名冷公、一碧，河南南阳人。1911年辛亥革命后，先后担任上海《民立报》《神州日报》《新闻报》驻河南特约通讯员，参加当地反袁活动。1916年留学日本，在早稻田大学攻读政治经济学，并加入了大日本新闻学会。

③ 戈公振所著的《中国报学史》最早由上海商务印书馆出版，是研究新闻学和我国新闻事业发展史的开山之作，国内外新闻界将之誉为中国首部新闻史学权威著作。任教上海国民大学期间，戈公振开始着手《中国报学史》一书的写作。在从事新闻工作之余，戈公振致力于新闻教育事业和新闻学研究工作，曾在上海国民大学、南方大学、大夏大学、复旦大学等校新闻系和杭州暑假报学讲习所讲授新闻学方面的课程，在新闻学研究上留下了许多著述。

续表

序号	年份	书名	作者	备注
17	1930.8	中国新闻事业（上）	黄天鹏① 著	
18	1930.8	中国新闻事业（下）	黄天鹏 著	
19	1930.8	新闻纸研究	〔日〕后藤武男 著 俞康德 译述	
20	1930.9	浙江新闻史（上）	项士元 编	
21	1930.9	浙江新闻史（下）	项士元 编	
22	1932.7	学校新闻讲话	袁殊 著	
23	1932.8	外人在华的新闻事业	赵敏恒 著	
24	1933.4	新闻学入门	黄天鹏 著	
25	1933.10	新闻学论集	管照微 编	复旦新闻学会丛书
26	1935	实用新闻学（上）	谢六逸② 编	申报新闻函授学校讲义之三
27	1935	实用新闻学（下）	谢六逸 编	申报新闻函授学校讲义之三
28	1934.1	新闻学	曹用先	
29	1934.2	新闻学概要	黄天鹏 编	复旦大学讲义、上海沪江大学新闻学专修科
30	1935	上海新闻事业之史的发展	胡道静 著	
31	1936.5	新闻学讲话	刘元钊 编著	

① 黄天鹏，字天鹏，别号天庐。1927年1月，他创办了我国首个新闻学刊（1929年扩改为《报学月刊》）并任主编；他是我国新闻学术史上最早研究新闻学之产生及发展史的学者，是我国具有新闻学术史观的第一人。他于1923年就读于北京平民大学报学系，1929年留学日本,修业新研究所,旋入早稻田大学新闻系。归国后出版了《新闻文学概论》《中国新闻事业》《新闻学入门》《新闻学概要》等十余本新闻学专著。

② 谢六逸，中国现代新闻教育事业的奠基者之一。著名的作家、翻译家、教授。1917年以公费生身份赴日就读于早稻田大学。1922年毕业归国，入商务印书馆工作。后历任神州女校教务主任及暨南大学、复旦大学、大夏大学教授。1930年任复旦大学中文系主任，并创设了后来闻名海内外的复旦大学新闻系，任主任。

续表

序号	年份	书名	作者	备注
32	1936	本国新闻事业	郭步陶 编著	申报新闻函授学校讲义十一
33	1936.6	新闻之理论与现象	张友渔 著	
34	1936.11	记者道	袁殊 著	
35	1937.7	现代新闻学概论	储玉坤 著	国民党政府唯一指定大学新闻理论教科书
36	1938.7	战时新闻学	任毕明 著	
37	1938.9	中国近代之报业（上）	赵君豪 著	
38	1938.9	中国近代之报业（下）	赵君豪 著	
39	1938.10	基础新闻学	李公凡 著	
40	1939.7	中国报人之路	杜绍文 著	
41	1940.4	新闻学	戈公振 著	1932 年完稿，另有 1947 年版
42	1941	新闻学的基础知识（上）	中美日报读讯会 编	中美日报读讯会实用新闻学讲义
43	1941	新闻学的基础知识（下）	中美日报读讯会 编	中美日报读讯会实用新闻学讲义
44	1941.7	综合新闻学 1	任白涛 著	
45	1941.7	综合新闻学 2	任白涛 著	
46	1941.7	综合新闻学 3	任白涛 著	
47	1944.9	新闻学	鲁风 著	新中国自修学院约稿
48	1946.6	科学的新闻学概论	萨空了 著	另有 1945.3 出版的署名艾秋飚的版本
49	1946.11	新闻史上的新时代	胡道静 著	
50	1947.12	新闻学的理论与实际	〔英〕斯蒂德 著 王季深 吴饮冰 译	上海文化函授学校读本

總序

這部叢書發端於十年前，計劃於三年前，中歷徵稿、整理、排校種種程序，至今日方能與讀者相見．在我們，總算是「愼重將事，」趁此發行之始，謹將我們「愼重將事」的微意略告讀者．

這部叢書之發行，雖然是由中華書局負全責，但發端卻由於我個人．所以敍此書，不得不先述我個人計劃此書的動機．

我自民國六年畢業高等師範而後，服務於中等學校者七八年．在此七八年間無日不與男女青年相處，亦無日不爲男女青年的求學問題所擾．我對於此問題感到較重要者有兩方面：第一是在校的青年無適當的課外讀物，第二是無力進校的青年無法自修．

現代的中等學校在形式上有種種設備供給學生應用，有種種教師指導學生作業，學生身處其中似乎可以「不遑他求」了可是在現在的中國，所謂中等學校的設備，除去最少數的特殊情形外，大多數都是不完不備的．而個性不同各如其面的中等學生，正是身體精神急劇發展的時候，其求知慾特別增長，課內的種種絕難使之滿足，於是課外閱讀物便成爲他們一種重要的需要品．不幸這種需要品又不能求之於一般出版物中．這事實，至少在我個人的經驗是足以證明的．

當我在中等學校任職時，有學生來問我課外應讀什麼書，每感到不能爲他開一張適當的書目，而民國十年主持吳淞中國公學中學部的經驗，更使我深切地感到此問題之急待解決．

在那裏我們曾實驗一種新的教學方法——道爾頓制，此制的主要目的在促進學生自動解決學習上的種種問題，以期個性有充分之發展．可是在設備上我們最感困難者是得不着適合於他們程度的書籍，尤其是得不着適合於他們程度的有系統的書籍.

我們以經費的限制,不能遍購國內的出版品,爲節省學生的時間計,亦不願遍購國內的出版品,可是我們將全國出版家的目錄搜集齊全,並且親去各書店選擇,結果費去我們十餘人數日的精力,竟得不到幾種眞正適合他們閱讀的書籍.我們於失望之餘,曾發憤一時擬爲中等學生編輯一部青年叢書.只惜未及一年,學校發生變動,同志四散,此項叢書至今猶祇無系統地出版數種.此是十年前的往事,然而十餘年來在我的回憶中卻與當前的新鮮事情無異.

其次,現在中等學生的用費,已不是內地的所謂中產階級的家長所能負擔,而青年的智能與求知慾,卻並不因家境的貧富而有差異,且在職青年之求知慾,更多遠在一般學生之上.卽就我個人的經驗而論,十餘年來,各地青年之來函請求指示自修方法,索開自修書目者,多至不可勝計,我對於他們媿不能盡指導之責，但對此問題之重要，卻不曾一日忽視。

根據上述的種種原因，所以十餘年來，我常常想到編輯一部可以供青年閱讀的叢書，以爲在校中等學生與失學青年之助。

大概是在民國十四五年之間，我曾擬定兩種計劃：一是少年叢書，一是百科叢書，與中華書局陸費伯鴻先生商量，當時他很贊成，立即進行，後以我們忙於他事，無暇及此，遂致擱置。十九年一月我進中華書局，首即再提此事，於是由計劃而徵稿，而排校。至二十年冬，已有數種排出，當付印時，因估量青年需要與平衡科目比率，忽然發現有不甚適合的地方，便又重新支配，已排就者一概拆版改排，遂致遷延至今，始得與讀者相見。

我們發刊此叢書之目的，原爲供中等學生課外閱讀，或失學青年自修研究之用，所以計劃之始，我們即約定專家，分別開示書目，以爲全部叢書各科分量之標準。在編輯通則中，規定了三項要點，即（一）日常習見現象之學理的說明，(二)取材不與教科書雷同而又能與之相發明，(三)行文生動，易於了解，務期能啓發讀者自動研究之興趣．爲要達到上述目的，第一我們不翻譯外籍，以免直接採用不適國情的材料，致虛耗靑年精力第二約請中等學校教師及從事社會事業的人擔任編輯，期得各本其經驗，針對中等學生及一般靑年的需要，以爲取材的標準，指導他們進修的方法．在整理排校方面，我們更知非一人之力所能勝任，乃由本所同人就各人之所長，分別擔任．爲謀讀者便利計，全部百冊，組成一大單元，同時可分爲八類，每類有書八冊至廿四冊而自成爲一小單元，以便讀者依個人之需要及經濟能力，合購或分購．

此叢書費數年之力，始得出版，是否果能有助於中等學生及一般靑年之修業進德，殊不敢必，所謂「身不能至，心嚮往之」而已．望讀者不吝指示，俾得更謀改進，幸甚幸甚．

舒新城．二十二年三月．

凡例

一　本書爲著者二十多種新聞學著述中的總序論，是概論的概論的書．按着初學新聞學的人的程度編的，可作一般國民的常識書籍．

一　本書係著者在上海復旦大學新聞學系主講新聞學講座的講義，並用作滬江大學新聞學專修科的課本．有一部份曾演講於國立勞動大學及附屬中學暨中國公學等，數經修改，頗適宜作初學新聞學者的入門課本及自修之用．

一　本書取材，於學理之外，兼注重報館之實際情形，使初學者對於新聞原理及報館實際內容無偏重之弊．

一　本書著者之初意，在以深入淺出之敘述，予初學新聞學者以基礎的智識，力求爲一應用的新聞學．

天廬附識

新聞學概要目錄

新聞學概要

第一章　緒論

第一節　新聞學的成立

新聞學(Journalism)爲近代一種新興的科學，在一世紀以前，學者還不承認新聞(News)也能成爲一種獨立的科學，或認爲歷史的別支，或認爲文人的末技，那時世人都存「新聞也能成爲科學麽」的疑問。到了近代新聞紙包涵萬象，成爲人類精神的糧食，新聞確有成爲專門科學的基礎，纔引起世人的注目和研究的興趣，在科學界中佔了一席新位置。本來新聞紙的起源，也有悠久的史蹟，古代羅馬的日錄(Acta Diurna)和漢唐的邸報，都是最早的官報，爲近代新聞紙的濫觴。這種官報到了近世因爲人類關係的繁密，賴着現代文明的孵育，科學的發明，而漸具一種科學的雛型．這種新科學的內涵，以新聞紙為研究的對象，探討新聞紙上的各種問題，求一至善的解決方案，而形成新聞學的理論根據．這新聞學（Journalism）五六十年來風靡歐美，佔新興科學中的重要位置．在中國也已嶄然露頭角，成為一種新思潮的科學，在大學中設有新聞學講座了．

新聞紙既有了數千年的歷史，怎麼到了近代纔成為科學呢？這是因為時代的關係，一種科學的成立，都要在其對象特別發展以後，新聞學也是如此．大凡世界交通愈發達，人間的事業愈更繁雜；科學愈昌明，研究的對象愈更精進．現代二十世紀既不能閉關自守，或回到老死不相往來的時代，則但有謀人與人間的溝通，以改進人類的羣居生活．而新陳的代謝，消息的傳達，却逼切的需要着新的工具，來負擔這偉大的工作．大之國家與國家間的交涉，小之個人與個人間的事件，這兩者間所發生的問題，都迫切的待着解決．著書立說為時間所延擱，口頭傳達爲空間所限制，只有新聞紙纔有迅速敏捷的可能。而歷史相遞的官報藉着近世的文明和科學的大力產生了現代的新聞紙，與商業科學成了二十世紀的三大勢力。

新聞紙既具了偉大的勢力，關於新聞紙上的各種問題，如新聞社的組織、經營、管理，新聞紙的新聞、廣告、發行等，遂有人以爲對象而研究之，求精益求精的途徑，數經研究的結果，新聞確足構成一種科學。英國倫敦大學最先卽設有新聞科（Journalism Course），其他各大學也繼起研究，而注重實用，設備較完善的要算美國，在世界上最負有盛名。但注重科學方法的要推德國。日本近年於帝國大學設新聞學研究室，聘請德國學者指導。這種各種新聞學研究的勃興，可以證明新聞學的成立和重要。在中國近一二十年來新聞教育的呼聲，高唱入雲，新聞學研究的著述，也漸漸地多了，由這幾種情形可見現代新聞學在學術界不但成立了，而且在科學中已佔着重要的位置。

第二節　新聞學的性質

研究新聞紙的學理的科學，就是新聞學，它的性質在表面上看起來，似乎不過新聞的採編論說的撰述，及營業的廣告發行而已．其實只就新聞二字來說，已包涵世界上其大無外其小無內的事物，非有很好的學問和修養，洞明人生一切的關係，未必能徹底的領悟．所以新聞雖僅一種科學，而却需要着許多科學來幫助的．我們試想新聞記者以一枝筆，來應付萬事萬物的變化，來記載宇宙間的形形色色的現象；不有淵博的學問，豐富的經驗，銳敏的眼光，優美的文筆，怎能負荷這偉大的責任！因此新聞學的性質，似乎單純，而實是十分複雜的．舉個例子來說，譬如做一個電訊記者，對於政治、經濟、歷史、地理等，都要有相當的學識，因爲一件新聞同時是牽涉到多方面的，並不是簡單的．凡是僅僅讀過幾本新聞學的書，和只靠編輯的才幹、經驗，那一定是不行的．次如外交、社會等記者也是一樣。因此之故，新聞學就性質上說，既不能歸入文學類，也不應附屬在社會學類，而應獨立一門的。它的性質雖然是社會科學，而同時在應用方面，和自然科學也有很多的密切的關係。好像天空行星的地球星一般，和許多環繞着它的星象，互相的維繫着。

新聞學的性質，關係多方面的人生，一般人都有研究的必要。就新聞紙的性質來講，已成爲人生的日用品，和晨餐一樣的重要。法國人開門三件，是牛乳、麵包和新聞紙。還有人說，「我願居在有新聞紙沒有法律的國家，而不願居在有法律沒有新聞紙的國家。」由這二點來說，可見新聞紙與人生關係的密切了。我們每天起來，閱報已成爲一種習慣，披讀報章一過，世界人類的活躍，大自然的祕密，都收入眼底。若是一天沒有報紙了，好像這天的一件大事沒有做，很苦悶着。雖然有耳目，遠處却無從聞見。毋怪有人要說新聞紙是我們精神的麵包了。

因爲新聞紙和人生有如此密切的關係，新聞學誰都有研究的必要了。假使我們對新聞學有相當的了解，對新聞社有若干的常識，則對新聞紙的記事，自有較深的認識，新聞紙的評論也有更明確的判斷。在社會上爲報紙的監督者，在自己增加了是非的判別力。至於非常時如戰爭、戒嚴時期，報紙因爲當道的檢查，不能公開的登載，而記者們却苦心孤詣的暗示事實的眞相，往往從字裏行間流露出來。懂得新聞學的可以減少錯誤的觀察，而較一般不懂新聞學的易得要領，和記者們在壓力下無可奈何的暗示法。再推廣來說，新聞學的性質既是人生多方面智識的結晶，我們利用這種科學來觀察社會上、政治上的一切事物，來應付人生日常的生活，也是一種最切實用的必需的常識。根據這點，新聞學最低可供給人生以縝密的思想，敏銳的觀察，和果決的判斷力。進可以効力社會，爲輿論界的中心人物；退可以析疑問難，以之處世窮理。從新聞學根本的性質分析起來，實爲人人必具有的處世常識。

以新聞學的職業觀點論，自爲新聞從業者所應研究的科學，若從新聞學的性質論，大學的新聞科之外，普通的中等學校也應有新聞學的課程，以灌輸新聞學的常識，最低的限度，養成學生們有下列的五點能力：

（一）具有寫作的技能，在報上隨時能自由地發表意見。

（二）對新聞紙有閱讀的興味和習慣，藉以獲得多量的智識。

（三）無論任何種的新聞紙，都有敏銳的判別眼力，不致爲有作用的新聞紙所同化。

（四）能盡讀者的責任，有監督記者的力量，督責新聞社的向上。

（五）爲職業上另闢一新途徑，將來也可從事高尚的記者職業，或是宣傳和編纂這一類的工作。

英國的李克(Rick)說：「在十四歲畢業小學而入社會的英國人民，有十分之八以上，此後只受着新聞智識的教育。」我們要認清新聞學的性質，是人生多面智識的總匯，也是人類一種活潑潑的終身教育．我們要使人人都有受這活教育的機會，而接受這活鮮鮮的新聞紙教育，來應付這新生活的環境，最良好的方法，應該從研究新聞學起．

第三節　新聞學的重要

新聞學的重要性，最明顯是在新聞紙上，松本君平論新聞紙說：「它如豫言者，謳歌國家的命運；它如裁判官，決斷人民的疑獄；它如大法律家，制定法令；它如大哲學家，教育國民；它如大聖賢，彈劾國民的罪惡；它如救世主，賑拔國民於痛苦，指導人生於光明的坦途．」這些論讚，都是名實相符，並不是過譽．研究新聞紙的學理的新聞學，其重要自更不待說．從前有人說：「研究新聞學是獲得一把智識寶庫的鎖鑰．」這句話有二種含義，一是新聞學和其他的科學都有密切的聯帶關係，一是新聞紙包羅人生一切必需知道的智識．這個問題可分爲二方面來研究如下.

·先研究讀報的方法,我們爲什麽要閱報,閱報有什麽目的,這個觀點是因爲各人的地位而有不同.政界的人物注意政聞,商界的人物注意經濟,文學家關心副刊,旅行者旨在消遣,各人有各人的目標,而大家在增進智識這一點却無二致.但是新聞紙是複雜而整個的,各種消息無所不容,好像一部二十四史,正不知從何讀起.我們應先對於想知道的,和必需知道的部份,有了一個定見和系統,纔不致浪費時間.且報紙有許多的種類,一個人整天的來披閱,也是閱不完的.所以我們要有一個以最小的勞力來收獲最大的效果的閱讀法.這個閱讀的方法,依我個人的經驗便是:

(一)報紙的選擇——報紙的種類很多,有些是可以代表時代性的,有些是可以代表某一類的大報的.這可由各人的時間和需要,或選購幾種,或以某一種爲主要,其餘來供參考.

(二)閱報的次序——閱報應該依照報紙的次序，再分爲精讀、瀏覽和備讀三部份。像提要、電訊、要聞和自己有切身的關係一部份應該精讀，不要輕易的忽略了．其次是瀏覽部份，像地方新聞、社會消息等．末就是備讀，如有餘暇，像副刊、廣告等部份．若是有特別事故而沒空暇的時候，只閱標題和重要消息的冒頭一段，也是一個補救辦法．

(三)閱後的判斷——讀報要有判斷力，辨別力，消息的眞僞，評論的是非，要靠自己的決斷，不能全恃報紙．不過具有報格的報紙，也可相當的信任．有時在一種特殊情形之下，只能給你一種暗示，或透露一點先聲，也一半要靠你自己的領會．所以非有判斷力不可．

總上來說，第一是要知道怎樣來選讀報紙，第二纔是閱報的方法，第三是閱報後的評判．有疑問的還要參考其他報紙的異同，而爲比較的觀察和研究．這種比較的研究方法，每每會引起學術上的趣味，而生出比較的研究心來．那種報是這樣的編輯，那種報是那樣的編輯．還有那種報有什麽優點，那種報有什麽劣點，和自己改良的意見，這些便可應用新聞學的原理來判斷了．

關於新聞學的研究，和新聞紙稍有不同．大概新聞事業可分爲二種，一種是新聞記者，卽關於新聞的編輯和採訪部份；一種是新聞業者，卽關於營業和事務部份，如經營、管理、廣告、發行、印刷等是．研究新聞學者想從事那方面的工作，便側重那一方面的學理和技術，爲側重的研究．至於整個的學識，不用說是有相當的認識的．他如工場的工作，因爲各部都有密切的關係，也應有相當的明瞭，纔能全部運用裕如，而成爲有機的聯絡作用．

新聞學的對象是新聞紙（Newspaper），是社會的反映，是活動的事業．研究的方法，最好是用動的科學方法．因爲現在的新聞社差不多完全以科學的方法來經營和管理了．所以我們研究也必須從科學方法着手．在學理上自然要精密的探討，同時也要並重實際的試驗．分析的研究法，在德國最爲注意．在研究上是大家動的合作，不是個人靜的鑽研．詳細分起來，又可以畫分種類為如新聞採訪、新聞編輯、新聞廣告、新聞發行、新聞印刷等．若從新聞性質上又可分做政治、經濟、外交、教育等若干組，來仔細的探討．但大體上是分做經營方面和編輯方面較為普遍．

總要而言，研究新聞學第一要有基礎的智識，如本國文，外國文，心理學，論理學，統計學及各種科學的相當的智識．第二纔為專門的學識，就是新聞學的原理和事實，如新聞學概論，新聞的採訪編輯，報館的組織管理，營業的廣告發行，以及印刷照相等．第三為輔助的智識，如經營方面關於商業社會等學識，編輯方面關於政治經濟等學識，都要有專門的學問，纔可做一個健全的人才．在一般人還要時時留心報上的變遷，參觀各地報館的內容，為實地的考察，使所研究的與實際相印證，新聞纔見了真的功效．

問題

一　新聞學成爲科學的過程如何？

二　新聞紙與人生有什麼關係？

三　我們爲什麼應該研究新聞學？

四　你對於新聞學有什麼意見？

五　爲什麼要閱報？要怎樣的閱報？

第二章 新聞紙研究

第一節 新聞紙的起源

新聞紙的起源，據史家的傳說，最早為中國周朝的京報，和古代羅馬的日錄(Acta Diu na)京報在古書上找不到材料可以考證，這個傳說只有日人楚人冠的新聞紙學和後藤武男的新聞學講話這樣說．現在可以考據的官報，以邸報為最早．「邸」是漢唐諸侯在京師的邸舍，「報」是傳鈔朝廷的詔令章奏的報告．歷代相傳，又有雜報、朝報、條報等名，到了清初改稱京報，末葉改稱內閣官報、政治官報，入民國後改為政府公報，一直到現在．最初僅為諸侯間的私報，後來民間也流行了．從漢代算起，已有二千多年的歷史．日錄據說羅馬共和時代就有，是政務廳揭示軍隊的調動，官吏的任免的布告，手鈔後再送給地方的長官．這兩種官報是世界新聞紙的始祖．

繼日錄而起的是新聞信(News Letter)，在中世紀盛行於歐洲．都市有人傳鈔該地的重要消息，供給各地的貴族和豪富的人閱看．不久需要者日多，遂成爲通信的職業，同時傳鈔許多份，以應顧客的需求．初時是手寫的，等到印刷發明以後，纔進化到印刷的時代．在英國且改爲冊子的形式，題有一定的名號，稱爲News Book，最初發行的只有二頁，還不能爲Book只可稱爲Paper罷了，這是News Paper名稱的由來．

具有現代新聞紙的意義的，應該從意大利說起．當一千五百六十六年威尼斯發刊Notizie Scritte，內容是搜集各地許多有趣的消息，而發行也已帶有營業的性質．這種新聞售意幣Gazete一枚，後來叫慣了，「卡塞泰」便成了新聞紙的通稱．十五世紀以後，德人發明活字印刷方法，德境所創刊的報紙，更形現代化，不久機械發達了，新聞紙受着文明的推蕩，成了反映社會的明鏡．百多年來西人東來傳教，在馬六甲創刊華文察世俗每月統記傳，爲華文民報第一種，逐漸進化到今日的盛況。回溯中國新聞紙的起源雖古，而現代新聞紙的產生，不過一百多年罷了。

第二節　新聞紙的職務

新聞紙的職務，其最重要的可歸為二元，一是「供給敏確的新聞，」一是「代表眞正的輿論。」他如灌輸智識，提倡道德，振興商業等其附帶職務而已。茲對此二元論加以說明如次：

(一)供給敏確的新聞——新聞紙顧名思義，自然以供給新聞為唯一的要務。新聞不啻新聞紙的靈魂，報上無論為記事，為評論，為插圖，若失其新聞的價值，既沒有預期的效力，也不能引起讀者的興味，簡直成了一張廢紙。所以好新聞紙，要以新聞價值的高下來做標準。第一要敏捷，因為新聞如鮮魚，過時稍久即失其味，新聞距發生的時間愈久，愈減殺其新聞的價值，或且變為明日黃花的舊聞了.基此新的出發點,一件事實發生了,應以最靈敏的手腕採訪、編輯,來迅速地報告讀者.第二要正確,新聞敏捷了,還須正確,凡是閉門揑造的消息,或捕風捉影的謠言,以及以訛傳訛的記事,顚倒是非的評論,雖能迅速,也是不行的.故新聞必須敏捷而正確,才是好新聞,才合新聞原理的.

由上所述的原因,新聞紙最大的職務,是以敏捷正確的新聞,來供給讀者爲第一要義.新聞紙這種職務對社會的安寧,對人羣的生活,都有極重大的關係.近世一二百年來,民權發達到今日之情形,政治上和社會上的改革和建設,都視輿論爲準繩;而輿論的健全與否,又根據新聞紙上的新聞正確程度如何爲斷,已成了個正比例.凡輿論所根據的事實正確者自屬健全,否則是不健全的,必致影響於政治、經濟、外交、社會各方面,所以新聞紙既是以事實爲社會的「輿論之母,」即不啻握着發動機在掌握中,其關係的重大自不消說.故新聞紙應以正確的新聞,來供給讀者爲信條,使社會有了正確的事實做根據,而發生了正確的輿論.各種問題纔得正當的解決.倘若不是這樣,新聞紙的記載並不正確,則輿論的根據已根本錯誤,自沒有良好的結果可言.是以徹底而言,新聞紙既不能因利誘勢迫,而變更立言的方針;尤不可以特殊的關係,而沒收重大的消息,以致社會輿論失其中心的立足點.綜此數因,新聞紙首在認清其最重大的職務,以供給敏捷而正確的新聞爲第一前提.

(二)代表眞正的輿論——新聞紙既以供給社會以敏確的新聞爲主要目的,這種新聞的反響,即成爲社會上的輿論.新聞紙的素質是反映着社會的一面鏡子,即有代表社會呼聲的輿論的責任.歐美人士常常說:「新聞紙是國民的喉舌,社會輿論的代表,」可見新聞紙代表輿論的職務,已成爲世人所公認的第二天職.這種輿論要怎樣的代表呢,就是社論應該從多數人的意見來立論,默察一般國民的傾向,對某一事件,或某一問題爲適宜的表示.筆桿是新聞記者的,而寫在紙上的言論却是大衆所要講的.舉要說來,言人所要言者,言人所不敢言者，取事之正當者而發揮之，指事之不妥者而指導之。時時自思，此乃衆人的言論，大家的意見，並不是自己的私言，個人的主張，則立言之旨已得其半。若因爲某種緣故，或特殊的關係，爲一人的利益或爲一黨的辯護，則新聞紙的價值，不過機關報罷了，留聲機罷了。還能立什麽言呢？代表什麽輿論呢？進一步言，代表輿論的範圍，現在和過去也有些不同，從前是代表國民對政府有所建設，而現在擴而廣之，代表國家對世界有所建議了。例如從前政府當道說某地方的輿論怎樣，現在國際聯盟，或世界會議却要說某國的輿論怎樣了。又昔日輿論對政府僅爲消極的監督，而今進而爲積極的建議了。這點只看近來國家的行政，地方的設施，都須着輿論如何來定進止，就可以明瞭了。歐美日本各國政府對輿論十分的重視，不但在國會中求輿論，且在重要的新聞紙中求輿論的趨向，來決斷一政策的取捨，及一事物的興革。大而至於外交也有若干的影響，在國際的交涉史上有很多的例子。有時，新聞紙處在一種特殊勢力壓迫之下，新聞記者爲維持其尊嚴，而本其獨立不撓的精神，舉一切利害而不顧，只求代表眞正的輿論，爲正義而奮鬬，爲報格而殉身，置生命於不計，務求盡其代表輿論的責任。復進而不特代表已也，且爲適宜的指導，創造之，引導之，遇輿論之走入歧途，則大聲疾呼，喚其回頭，而納之於正軌。或有一重要事件而社會忽視之，則發揮其意義，喚起世人的注意。這種創造領導輿論的方法有三：

（一）登載正確的新聞，以引起世人的公評。

（二）徵求專家對某種問題的意見，以供世人的參考。

（三）發表嚴正公允的社論，以爲輿論的動力。

此三種之外，如設來論欄，以容納社會的輿論，如設讀者論壇，供給世人有發表意見的機會，都爲新聞紙應盡的職務。至於提倡文化，灌輸思潮，鼓吹革新，以及社會事業等，新聞紙負有先知覺後知的責任，都要盡其力量，爲適宜的効力。

第三節　新聞紙的現狀

新聞紙的起源，在第一節已說過了，雖然有數千年的歷史，而重要的時期，却在最近的百多年間．以今日的現狀來論，已成爲人類社會生活中一種重要的必須品，像電影機把複雜的社會現象映演，供給未知道或異地的觀衆．藉着科學和印刷的大力，散之四方，爲人類公共的耳目了．我們從其性質分析起來，現代的新聞紙也是一種營業了．它一方面以新聞來賣給讀者，即是新聞發行；另一方面以廣告賣給廣告主，即爲新聞廣告．在表面上看起來，也很似乎一種營業，但本質和普通營業還有點不同，是帶有點公共機關的性質，營業固然要謀獨立，同時也要擁護公衆的利益．不過因爲現代資本主義的澎湃，而公共性質這一點往往易於被忽視了．

放在解剖臺上的現代新聞紙，它的目的，既不能純爲營利的，也不能純爲公益的，健全的新聞紙，必兼有這二個性質．就是一方盡力於營業的方法，鞏固它的性質的基礎，能多爲公衆的利益獻力．他一方面又以服務公共機關的精神，來輔助營業目的的發展．這個連環的關係，譬如車的兩輪，缺一個便不能前進的．根據這個原則，新聞紙不能爲了建築自身物質上的基礎，而但致力於營利，而犧牲對社會公衆的責任．同時社會也不能只望其爲公忘私，而危及新聞紙物質生命的存在．因爲有了物質上獨立的機關，才能爲公衆來服務；也必以公共利益爲前提，而物質機關才能永固．可是社會的人士只認識新聞紙是公衆的機關，而忽略了新聞紙物質方面的基礎；經營新聞紙者又只顧到營業部份，而放棄對公衆所負的責任，這種現狀實爲今日新聞業的危機．

爲了補救這個危機，而有了新聞教育的勃興，使社會對新聞紙有正確的認識，來扶助督責新聞紙的發展；新聞經營者能以營業爲手段，而達到服務公衆的目的．這個運動已彌漫世界新聞界，成爲一種新的改革潮流了．在我國這種危機也很明顯的潛伏着，在物質方面，生產與消費不能相抵，所恃以爲補救的廣告，又因商業的不振，招致極感困難；教育又未普及，推廣銷路也不容易。他如交通的不便，人才技術的幼稚等無一不足以阻礙新聞業的發展。這種物質的困苦，只要新聞界自身忍苦奮鬥，社會文明日進，自可逐漸解除。而精神方面的痛苦似尤有甚於物質，最顯著的則爲社會對新聞業沒有眞正的認識，當道縱有認識而不加尊重，「言論自由」實爲今日新聞界所最切要者。因爲解除這種困難，新聞界遂有新的自由運動。

今日的新聞紙還有一個新現象，這現象就是前二三年的托辣斯（Trust）化問題，近代資本主義壟斷了企業界，新聞紙也是一種文化的營業，自然也逃不出這個潮流。就中國新聞界的營業來說，除了一二大商埠外，新聞紙的經濟還不能自立，似尙未到資本主義的時候。但這種潮流確是萌芽了。在紙面上也有美國黃色新聞（Yellow Journalism）的傾向，本來紙面到今日已脫離了政論時代，而到新聞本位時代了。新聞紙的資本色彩愈濃，爲求營業的發達，而祇迎合讀者的下級趣味。這種黃色新聞的反響，就有新聞倫理的裁制言論出來了。就這幾點綜說起來，新聞紙的現狀，一方固然感到物質的設備的簡陋，另一方又感到精神壓迫的痛苦。但却忍痛負重，日日在謀進展中，是很有希望的偉業。同時托辣斯化和黃色新聞化的趨向，今日也是一個在轉變歧途中最重要的時期。我們應該特別的注意，共謀個完滿的方法，使新聞事業向着光明之道前進。

問題

一　新聞紙的起源，東西的異同何在？

二　新聞紙重要的職務是什麼？

三　新聞紙是一種營業呢？還是一種公共事業？

四　你對新聞事業托辣斯化的意見怎樣？

五　新聞紙可否迎合讀者的下級趣味？

第三章 新聞社組織

第一節 編輯部

在未談論編輯部之前，先把新聞的組織說一說。通常一個新聞社分做編輯、營業和印刷三部，這三部像鼎的三隻足一樣的重要。在總攬這三部的是社長或總管理處，也有這三部外另設一審理部的。這三部關係的密切，有人比做一個兵營：社長或董事會管理指揮全社的一切行政，像軍隊發布號令的總指揮部；編輯部採訪消息，編製新聞，以和他報較一日的短長，就是軍隊衝鋒破陣的先鋒隊；營業部招攬廣告，推銷報紙，建設全社物質的基礎，就是軍隊運糧輸彈的輜重隊；印刷部排印稿子，製成報紙，爲一報最後的完成工作，就是軍隊的工程隊。要知己知彼，百戰百勝，自然要有一個運籌帷幄的總司令部；但强有力的先鋒隊，糧足械精的輜重隊，設施完備的工程隊，也是缺一不行，才能運用如意的，健全的新聞社正復類此．一個新聞社編輯、營業、印刷三部要有充分的聯絡，合作的精神，一呼百應，與軍隊一般無二，纔能夠日臻完善，為一完美的新聞社．

新聞社的組織，各國略有不同，我們也因為性質及業務的繁簡而有變更．就大體言，可分為獨裁制與委員制．獨裁制就是社長全權處理一切事務，委員制則由董事會共同負責．為清眉目起見，列表如下：

（一）社長獨裁制

新聞社—社長—
- 編輯部—
  - 編輯系
  - 評論系
  - 採訪科
- 營業部—
  - 會計科
  - 廣告科
  - 發行科
  - 庶務科

- 印刷部
  - 排字科
  - 製版科
  - 印刷科

「註」各系各科職員詳下列各節

(二)董事委員制

- 新聞社——董事會——報務委員會
  - 經理部
    - 文書科
    - 總務科
    - 會計科
    - 庶務科
  - 編輯部
  - 營業部
  - 印刷部
  - 審理部（或計畫部）

「註」編輯營業印刷三部詳下

新聞社最初多爲私人所經營，所以採用社長獨裁制度，到了現代，新聞業成了一種企業，已趨股份有限公司的組織，改用董事委員制度．茲舉東西代表新聞社的組織系統於左：

（A）橫的組織

新聞社—總理
　一　論說部
　　　主任
　　　委員
　二　新聞部
　　　編輯長
　　　次長
　　　日間編輯長

社會部長
次長
夜間社會部長
次長
電報通信部長
次長
整理部長
次長
調查部長
次長
星期版部長
次長

運動部長

攝影部長

繪畫部長

戲劇部長

經濟部長

商情部長

不動產系主任

新刊介紹系長

新聞索引系長

論說索引系長

三　營業部

廣告科

會計科

編輯部會計科

發行科

廣告管理系

現金收支系

用度系

機械監督

四 工場部

校正系

排字系

鉛版系

攝影製版系

印刷系

機械系

(B)縱的組織

新聞社—股東會—董事會—總務處

- 計畫部
- 航空部
- 出版編輯部
- 記事審查部
- 文書課
- 祕書課
- 編輯局
  - 局長
    - 整理部
    - 校閱部
    - 聯絡部
    - 政治經濟部
    - 商情部
    - 攝影部
    - 外報部
    - 通信部
    - 週刊部
    - 學藝部
    - 調查部
    - 運動部
    - 庶務部
    - 其他
  - 主幹
  - 顧問
  - 論說委員

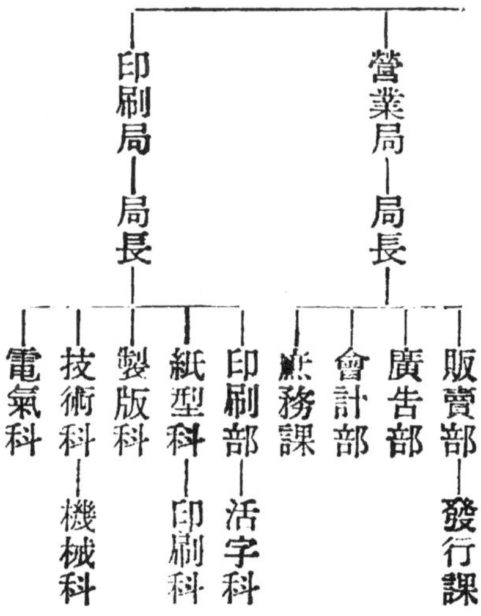

右邊所舉二個實例，A是橫的組織，B是縱的組織，東西略有不同，而就大體來說，則頗相仿彿。不過在美國新聞社發行朝夕二次刊的，其編輯員完全分開，也沒有日本新聞社的社會事業部的設置。校對部在東方大半隸屬於編輯部，而歐美則於工場另設一處。我國新聞社的組織，從前因陋就簡，近來因營業的發達，組織漸臻完善。新聞界參酌東西之長，與國家的特殊情形，而爲左表的擬議：

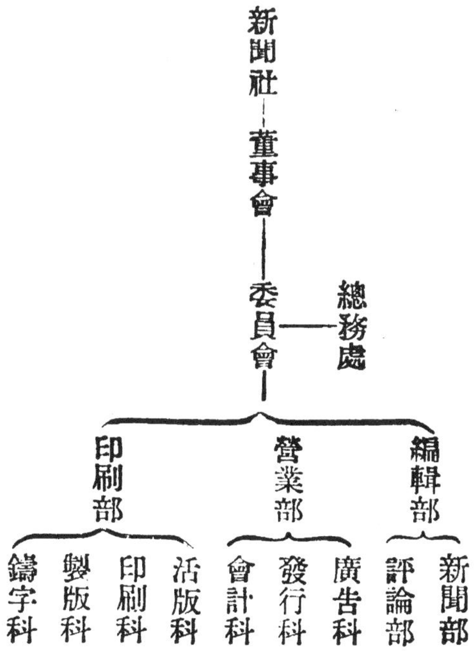

〔註〕各系各科細目見下

這種組織最高的權力屬於股東大會，由股東大會產生董事會，董事會再委托委員會主持社務，委員會除設編輯、營業、印刷三部之外，復設一總務處，辦理文書、會計、庶務、稽查等事務。組織雖然複雜，而系統分明，職守井然，運用自能自如。茲按節目次序，先講編輯部。

編輯部爲一社製作的重要機關，各國編輯部的組織，因國情和方針而有不同，大別之爲英國式和美國式．英國式於主筆之下，分爲內報部與外報部二部，最初偏重於外報，近來已兼重內報了．美國式則於總編輯之下，分爲新聞與評論二部，而側重於新聞一方面．最近在我國又流行一日本式，於總編輯下面，設編輯長，再分論說、政治、經濟、社會、學藝及通信各部，而注重於論說．茲先作一比較的研究，再談我國編輯部應該怎樣的組織．

(一)英國式編輯部　編輯部中外報部與內報部對峙，各設部長，副部長，編輯員，校對員若干人，由主筆領袖之．其組織系統如下：

編輯
- 部長
- 副部長
- 編輯長
- 編輯員

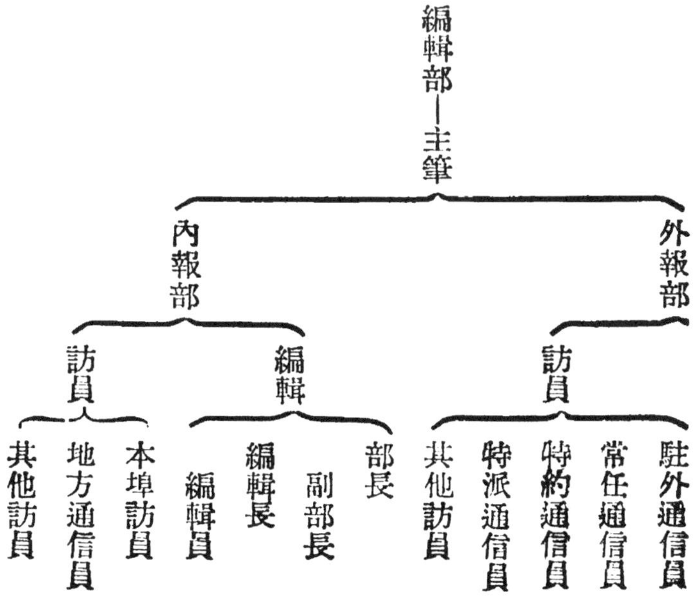

(二)美國式編輯部　編輯部分爲評論與新聞二部，評論人員由總主筆總其成。新聞部則以編輯主任指揮之，而由副主任爲之輔。下列爲哈斯脫式的編輯部的組織系統限於篇幅,說明從略.

- 新聞部——編輯主任
  - 夜間編輯
  - 本埠編輯
    - 訪員
    - 通信員
    - 其他
  - 國內電報編輯
    - 聯合通信社
    - 本報通信員
  - 國外電報編輯
    - 海外特派員
    - 特約通信員
  - 剪報記者
  - 商業記者
  - 不動產記者
  - 戲劇音樂記者

新聞社—社長—總主筆

- 特別記者
  - 社交家庭記者
  - 文學記者
  - 書報評論記者
  - 游戲記者
  - 輪船記者
  - 鐵道記者
  - 勞動記者
  - 其他
- 攝影部
- 藝術部
- 參考部
- 星期增刊部
- 評論部
  - 評論員
  - 諷刺畫記者

（三）日本式編輯部　編輯部的組織，從前分爲硬軟二派，硬派是屬於政治、經濟、外交等新聞，軟派則爲社會新聞，也叫做三面記事．現在改用混合制度，情形已稍變更了．普通組織綱要如下：

新聞社—主幹
- 內國通信部
- 外國通信部
- 社會部
- 聯絡部
- 經濟部
- 學藝部
- 整理部

這三種編輯部的組織，在中國都有相當的影響．現在流行着的是一種混合制的中國式．把它歸納起來成爲二種：一爲總主筆制式總編輯制；一爲編輯部長制．列表如下：

（一）總主筆制

- 編輯部——總主筆
  - 主筆
    - 電訊主筆
    - 要聞主筆
    - 本埠主筆
    - 地方主筆
    - 社會主筆
    - 經濟主筆
    - 教育主筆
    - 體育主筆
    - 副刊主筆
    - 增刊主筆
    - 其他
  - 國外特約通信員
  - 國內特約通信員

- 訪員
  - 特派員
  - 專僱訪員
  - 公僱訪員

此種組織系統，各欄主筆都受轄於總主筆，總主筆之下或設一副主筆以輔助之．社論則由主筆撰述，近也有由各部主筆分任撰述者．至編輯長制與總主筆制略同，特主筆名稱改為編輯，採訪另附設一科而已，舉例如次：

（二）編輯部長制

- 編輯部—部長
  - 編輯
    - 各部編輯（同前從略）
    - 其他編輯
  - 採訪科
    - 特約訪員
    - 專僱訪員
    - 公僱訪員

大凡編輯部採用總主筆制者，以大都市為多．內地則多採用編輯部長制．

甚或系統更爲簡單。此種組織，都未完備，理想中的編輯部組織如左：

- 新聞編輯
  - 國際新聞編輯
  - 國內新聞編輯
  - 地方新聞編輯
  - 本埠新聞編輯
  - 社會新聞編輯
  - 經濟新聞編輯
  - 教育新聞編輯
  - 體育新聞編輯
  - 其他
- 特別編輯
  - 文藝編輯
  - 週刊編輯
  - 增刊編輯
  - 其他

- 編輯部
  - 新聞部
    - 採訪科
      - 特約訪員
      - 特派員
      - 公僱訪員
    - 整理科
      - 保管員
      - 文書員
      - 庶務員
    - 剪報科
    - 計畫科
    - 攝影科
    - 校對科
  - 評論部
    - 評論記者
    - 諷刺畫記者
    - 參考記者

這種編輯部的優點和運用，為全新聞紙精神所寄托與樞紐。編輯部在編輯部長指揮之下，分爲新聞部與評論部。評論爲一報的代表作；近代多組織成爲特殊的一部，與編輯部對立，由委員若干人主持之。大都對某一問題應取的態度，對某一事件應如何的評論，由會議式決定之，所以有獨立一部的必要。新聞部卽舊式的編輯部，（參看第六章新聞記者論）由編輯主任總其大成，決定編輯的方針，指揮人員的工作。對舊式的分類編輯法，須行改良，例如某一案件既登在電訊欄裏面，又同類的消息見之要聞欄的通訊，有時且本埠也有同樣的消息。這種割裂新聞的惡習，必須改除，而採用綜合的編輯法。凡是同一性質的新聞，無論爲電報，爲通信，爲本埠訪稿，總應該集在一處，以成整個的新聞，而爲讀者謀便利的。所以新聞的編輯只須分爲國際、要聞、地方、本埠等相當的地方性範圍，再把幾個重要的特殊新聞，如教育、經濟、體育等類，列在一定的篇幅。新聞中屬國際性質者，不問爲電訊、通信文件，都由國際編輯者編輯之。國內及本埠各種稿件，也是同一的辦法。並且也不必分欄，那一欄登載甚麽新聞，只以新聞價値爲前後的標準。這樣一來，不論那一類事件，只要有重要性的，便可提在前面了，紙面也可以整飭和統一了。次之爲特別編輯。如文藝副刊、增刊等類，也受着總編輯的指揮，而稍帶有獨當一面的責任。至採訪科則應多設專任的訪員，以新聞的敏捷，與他報較一日的短長。若仍照從前靠着通信社的來稿，和公僱訪員的供給，則所報告的新聞千篇一律，一點特色也沒有，怎能當行出色呢。因此採訪科實有獨立的必要。再次爲整理科的設置，在事實的管理上也是必要。他如剪報科以供參考，計畫科以謀發展，攝影和校對另成一科，以期精益求精，使組織日近於我們的理想。

在部的責任，爲編輯部長要有統制編輯各部及各系的權力。如在編輯方式上的獨翻新樣，拼版藝術上的別出心裁。而各部的聯絡，尤應爲有機的運用，對全社負直接的重任。次之各部各系以下的人員，對各部範圍裏面原稿的整理，爲最後的去取潤色，以及關於文字的體裁，標題的方法，攝影的配置，漫畫的適否，必在一極短的片刻中決定，又恰如其分的，纔算盡了各人的責任.至於訪員須以最敏捷而正確的工作，而遵守忠實的信條，尤爲訪員所應盡的天職.成功的報紙，據美國在百分之六十家中，所查得的共通點，計有十五條，錄之如次：

（一）第一頁能够引動讀者；
（二）全報編輯方法的完善；
（三）言論的獨立和自由；
（四）特別的好新聞；
（五）熱心愛國；
（六）人情風味；
（七）注重商業；
（八）紙面的獨出心裁；
（九）家庭紀事；

(十)兒童故事；

(十一)關於財政金融的記載；

(十二)對廣告主盡畫策之勞；

(十三)招徠廣告盡量登載；

(十四)發揚廣告的效力；

(十五)與他社合作.

由上面這十五個成功特點，就可知道要怎樣的編輯纔能成功了.此外主持人物，對於次日新聞採訪的指導，編輯可先預籌的腹稿，也應有相當預備的.

關於此，美國學者曾舉出五點應特別注意的事項如下：

一、對於新聞的發源地（如政治團體公共場所等）應預派有常川駐員，以便報告各種消息.如臨時發生重要的事件，可以得到較早的報告而指揮外勤記者的出動.

二、社內的記者，應有相當的人員，以備臨時突發的事件，足以應付裕如.

三、通信社的來稿細心選擇，不要輕棄，也不要濫登.若是從通信社稿中得到某種事件的暗示，或新聞的線索時，卽速分配訪員出而活動.

四、與各方的人物，爲相當的結納，以獲得採訪時的幫助.凡遇重大的事件，部長或編輯員須親自出馬，以求見聞更爲眞確.

五、務期本社的消息，較與立在競爭的新聞社迅速而眞實.

編輯部倘能够像上述有系統的組織，而又有經過訓練的人才，這新聞社的中堅已是很健全的了.

第二節　營業部

新聞社的營業部是全社的糧庫，編輯部和印刷部的消費，都賴着營業部來維持.所以營業部的完善與否，差不多可以說是新聞社的生命所寄托.在以營業爲本位的新聞社，它的地位往往超過編輯部的．營業的要項，可分爲兩種：一種是發行，一種是廣告．最初新聞社因爲廣告尚未發達，收入只靠發行來作挹注．自從近代商業興盛了，廣告的收入驟然增了許多，成爲新聞社唯一的財源，而建設下營業獨立的基礎．其組織如下：

- 營業部
  - 廣告科
    - 門市
    - 介紹
  - 發行科
    - 外埠批發
    - 本埠批發
    - 直接定戶
  - 會計科
    - 收入
    - 出納
  - 庶務科
    - 採辦
    - 雜事

這個系統表中最重要的要算廣告與發行了．也有主張把會計和庶務二科改隸到經理部或總務處去，而另附一出版科的．各科在職務上來說，發行科是專司販賣報紙和推銷的事務，分爲直接和間接二種：凡讀者逕向新聞社定閱，由新聞社專送或郵送者稱爲直接發行；凡經代派處或報販之手分送者稱爲間接發行．廣告部專司廣告事宜；也可分爲直接和間接二種：凡要登廣告於報上者，逕自送至新聞社，謂之門市廣告．否則由新聞社派人招徠，或由廣告社介紹來者，謂之間接廣告．尚有附設一出版部，凡新聞社的紀念出版物，及臨時增刊成冊者，或編纂報上的學藝論著，而另刊單行本者皆屬之．因此，若將會計庶務二部份擴大而隸於全社，則營業部的組織應如下表：

營業部—部長—
- 廣告科—科長—辦事員
- 發行科—科長—辦事員
- 出版科—科長—辦事員

關於營業部的內容，約略說明如下．這一部的主要人物自然是部長．要有新聞學的學識，而又有商業的手腕，業務纔能蒸蒸日上．因爲新聞社的浮沉，可以由營業部長的才幹來決定．部下的各科如採用日本式的組織，發行科分爲本埠發行系和外埠發行系．本埠又分專送和報販代送二種．以迅速的送給讀者，與擴充銷行的範圍爲主要的任務．廣告部的部長，要有充分的新聞廣告經驗，靈敏而圓活的交際手段，來指揮內外勤的廣告人員的工作，開拓新的廣告主的地盤．近來各國分類廣告興起了．這種分類原爲公衆的便利而設的，與發行方面有密切的關係，部長也要深切的注意．出版部以發售本版單行本書報爲主，也可酌量代售或代辦外版書報．其他如會計科的專司出納，最近且試行預算案．庶務科的採辦貨物，管理全社雜務，不及一一詳舉了．

第三節　印刷部

印刷部爲新聞社製作新聞紙的完成機關，報面的美所寄托，設備方面最須完善，才能增加新聞紙的美觀。普通的組織分爲五組如次：

印刷部—部長—
- 排字組
- 製版組
- 印刷組
- 鑄字組
- 書版組

—工人

這是簡要的組織，也有較爲詳細，如下表所示，分爲四股，再分爲若干組者：

活版股
- 新聞
- 廣告
- 組版
- 西文

- 印報
- 印書

印刷部—部長—
- 印刷股
  - 機器
  - 煎膠
  - 電力
- 製版股
  - 紙版
  - 鉛版
  - 銅版
- 鑄字股
  - 銅模
  - 澆字
  - 鎔字

印刷部的設備，視新聞社內容的繁簡而定．新聞紙銷路少的，自然用不着大的機器，銷路多的，不用說就需要着大規模的設備．內容通常分爲三部，第一爲排字房，設一剪稿者，主接編輯部發下各種新聞稿，分配與排字人工作．該稿每段須註明爲某稿的第幾段，以便排完拼版時易於湊合，而不致錯誤．復自留一題目及段落的底稿，以備查考。排完後按照底稿的次序，合爲全稿，打一小樣，送給校對，經校對者勘誤後，排字者照樣改正，再總合各小樣，依編輯部所指定的位置，組成大樣，送主筆鑒定，簽字後送鉛版房。次爲第二部的工作，初步爲製紙版，先令大樣平直，以半濕的雁皮紙，加其上而壓之，使版上的字平直，復以半濕的雁皮紙，加於其上而壓之，使版上的字畫深刻入紙，成凹凸的形狀，字畫分明，即用機烘乾。送入澆版房，澆成鉛版。接着爲第三部的工作，——印刷房，上機印刷，用最新式的輪轉機，每小時可印數萬至十數萬，機中並有摺報機，所以印出的報，已經摺好數好，即刻可發行了。

這印刷部工作的人員，有多至數千人的，這種蓬勃的現象，全靠印刷機器的發明，同時也賴着印刷部完善的設施，才能够應用自如。新聞事業一天比一天的發達，印刷的機械也日日的精良，工人也要有相當的學識和訓練，來管理這精良的機械，而增進新機械的威力。

新聞社組織的三大幹部——編輯部、營業部、印刷部，大概已如上述．這個組織正如人體的神經系，各部份都是息息相關的．新聞社的社長或董事會，運用這偉大組織的機關，來決定行政的方針，和編輯與營業的一切大計．在這最高管理下面的，編輯部有編輯會議，集合各部和各系的主要人物，來商議應與應革的各種問題，及其他的一切事項．營業部和印刷部也有相類的會議．再合而開一全體的會議，謀辦事上的聯絡與統一，來促進新聞社的發展．

問題

一 新聞社組織——獨裁制和委員制的利弊如何？

二 試比較英國式編輯部與美國式編輯部．

三 成功的新聞紙應具的條件是什麼？

四 廣告與新聞紙的關係怎樣？

五 怎樣才能印刷一張美的新聞紙？

第四章　新聞本質的分析

第一節　新聞的內涵

新聞的本質，現分爲三節來分析．先說一個大概，有了概念後，再逐層的解剖．

第一、新聞是事實，這是構成新聞的基本要素，沒有事實，便沒有新聞，故新聞爲事實，用不着解說．但是事實却不一定都是新聞，事實要具有社會的意義纔算是新聞．凡是憑空揑造，或捕風捉影的消息，尤其不是新聞．新聞界有一個傳統的腐敗觀念，就是所謂「有聞必錄」這個口頭禪，且引爲辯護的護符，這是錯誤的．若是對一種新聞，不加調查，不問確否，而一律認爲新聞而即予刊載，及經當事人更正，或事後證明以訛傳訛，則引用「有聞必錄」爲新聞記者的天職，以期卸責．這種欺己欺人的文過語，實不是新聞家所應有的態度．即假定所聞全爲事實，也不能就所聞而盡量的登載，因所聞而無社會意義的，仍是沒有新聞的價值。就是可以登載，新聞紙的篇幅有限，也要加以選擇和編製。故學者於此四字應改爲「有聞必查」——查得確實，纔可登載，纔不違背新聞爲事實的原則。

第二、新聞爲新的事實，事實雖爲新聞，但要有時間性的限制。事實太久的變成歷史，已久的變成舊聞，必須最新發生的，纔算是新聞。這種時間限制的標準，以交通如何爲斷，電報四通八達，則事實隔日已成舊聞，交通閉塞，則數見報仍爲新聞。如報上每云：「此事已成明日黃花，因關重要，特追誌如次。」及「此事爲前報所未及詳，特補誌之」等按語，皆爲無可如何之表示。此外尚有二個特例，一爲「舊聞活用法」——某種事實已成舊事，但一旦有關係之新事實發生，則追溯往事，或牽連及之，也成爲新聞之副產品。如某名人逝世，則其身世功業等舊事，皆可因新事實而一併登載。不過沒有新事實卻不能獨立成爲新聞。

了．一爲「舊聞發見法，」即新聞價值的評判法，如某種事實被忽略了，或已過時了，但仍有刊載的價值，則並不以時間已過而棄之，而仍以是否屬於新事實爲去舍的標準．

第三、新聞爲具有社會意義的事實．事實固爲新聞，但事實太多了，要具有社會意義的纔能算是新聞．這句話的含義是事實於社會要發生影響的，纔算是新聞．譬如某人到某城市去旅行，這是事實，但某人是一個很平凡的人，旅行又是一件很普通的事，在社會沒有發生影響的可能，便不能成爲新聞．若是某人是政府的要人，或是著名的人物，他的行動爲多數人所欲知道，或於社會能發生若干影響的，這事實便成爲新聞了．因爲是多數人所欲知道的新事實．這種所謂社會的意義，及多數人注意的成分，也因爲地方性而略有不同．某地的重要新聞，爲當地多數閱者所知道，則固可不厭求詳的登載，但別地則僅登載其大概就得了．國家的大事也是如此．總以事實的含義所具的社會的意義如何爲斷.

第四、新聞爲經過編製印刷的事實.上面已經說過,新聞爲事實,爲新事實,爲具有社會意義的事實.但新聞的外殼還沒有完成,還須經過新聞記者的採訪,編輯,新聞從業者的印刷、發行,送到讀者的手裏,纔算完整的新聞了.總結一句,新聞的內涵的底層,就是事實.下節另有詳細的敘述.

第二節 新聞的定義

新聞究竟是什麼呢?從來的學者,各人有各人的主張,美國人有美國人的見解,日本人有日本人的見解,我先引個最著名的故事.這是美國白爾耶(Bel-lyer)對「何謂新聞」質問全國的新聞記者,綜合多數人的意見,舉出新聞的特徵,計有左列的十種:

(一)凡是讀者所願意知道的都是新聞,

(二)不傷害美善的趣味，而又不構成法律上的譏刺罪的，都是新聞．
(三)能引起人們感到興趣的都是新聞．
(四)成爲人們談話的題材的，都是新聞；愈能引起人們的議論的，愈增加新聞的價值．
(五)新聞是能引起讀者的興味的事實，而以最迅速的報告方法出之者．
(六)新聞是凡能增進一般的利益，而指導個人的東西就是．
(七)新聞是關於一切事物之感想的結果的報告．
(八)新聞是各種人生事件對人生有興味的觀念的事實，而且有關於人間的生活及幸福的東西．
(九)新聞是使別人來評判這樣多麽有興趣的事實．
(十)新聞是很有興味，而包涵一切的活動．最好的新聞是給與大多數的讀者以一種興味的．

他又把上面各項意見總合起來下一個定義：「新聞者是以最敏捷給與最多數人有興味的一切事實之謂.」這個定義最注重興味(Interest)這一點，這是美國人的本色.

前幾年蜜梭利大學新聞科主任斯廉威(Williams)等三人評定十七個新聞的定義，得第一至第四的賞者如下：

【第一】新聞是由新聞紙而貢獻與讀者的消費.所以每天很新鮮就送到市場上去了.而且是帶有一種腐敗的商品.新聞於智力及情操的興趣的各方面，用文字來表示世界各國各省及都市村落各地所發生的事件.這些事件是政治的，經濟的，社會的，或科學的，或個人的，但須能够引起多數人的注意纔行.此中成分的品質，調製的技術，目的的純否，即爲反映着製造者——新聞社的名譽的信用，這些都與其他的商品一樣的.倘若以僞品來充眞貨，或把眞事實來變更，成爲不實的謠言，即製法也不講求精善，這都足以失去公衆的信用，而給與一般人心以威脅的.

——Mike Wallach

【第二】新聞到了適宜的機宜，向公衆爲有特色和意義的宣布，而使人感到興趣，而且都是精確公平的事實.

——Louise H. Fox

【第三】新聞本質若像都市新聞紙的作用，那麼便是關於新聞紙的讀者有興趣的，新奇的，重要的，珍異的一切事件或現象，爲固定而公告的發表.

——E. W. Shmmovs

【第四】新聞是指導的，喜悅的，通告的，用來激刺公衆可驚駭的表示

——Mrs. Lelen B. Leaveuc

這四條定義，第一條只說到服務公衆的理想，及服務公衆的價值，自然也

是新聞的重要成分．但以言定義，似乎嫌過於空疏一點罷．第二條也僅較爲得要領而已．第三條不但認發生的事件是新聞，而且含有應發生的事件，這是這條特異的一點．第四條也欠妥當，比第一條更廣泛了．可是我們由上面這些例子看起來，美國人對新聞的定義，很注意興味這一點，是有公同的色彩的．也是西方學者的特色．再把它歸納成爲三點：（一）新聞爲給讀者以興趣的事實；（二）凡有興趣的事件都是新聞；（三）新聞價值的高下，由感到興趣的人數及範圍來決定．所以有人說：美國新聞記者是新聞興味主義者．

和上述興味主義相反的是東方學者——日本新聞記者的實益主義．現在也可引幾個例來作實例比較的研究：

【一】新聞紙第一是報告當日發生的新聞；第二是使讀者明瞭新聞的意義．前者叫做報告，後者叫做評論．而且這些應給讀者以娛樂和實益的．

——新聞講話

【二】新聞紙的內容的本質是新聞，而形式上的本質是公告性。

——籐原勘次

【三】新聞是把最新的事實，精確而迅速地印成了，使多數人感到興趣而有實益的，都是新聞。引伸來說：第一、新聞必定爲最新的事實，過去的事，縱用名筆寫出，編輯者對這種史料式的材料，也只有無疑地抛進字紙簍中去。第二新聞要精確，因爲新聞雖然新，但若缺少了精確性的時候，也不可明知而故載着。有人每自辯着的說，迅速與精確是不能兩立的。這種似是而非的理由，在有修養有道德有經驗的新聞記者，在迅速中也有判別確否的能力。絕對不因爲求迅速而失實，致害及讀者的實益。

——後籐武男

【四】新聞不能下着一個令人滿意的定義，是因爲新聞的時代由狹義到廣義上，受着時代老人的推進的。例如昨日認爲新聞的，明日也許變更了．而且也受着地域的限制；如美國的新聞到東方的日本或中國來，自然也有點不同了．若從根本上說：「新聞的欲求，是人類根本的呼聲，」——那末由國家、地域、環境等不同的人心所需要的新聞，各有各的認識是當然的事．

日本的新聞學本來就是祖述西洋的學說，上面這幾位學者，都是受過美國式的新聞教育的．不過他們對新聞應該有興味這一點外，還加上了實益主義．所謂實益，就是新聞的作用對讀者應該有利益的．現在日本新聞界的倫理運動卽基於此點出發．我對杉村楚人冠的話差不多完全同意，新聞確是不能下一個放諸四海而皆準的定義．

——杉村廣太郎

這些例子不必多引了，且看一看中國的新聞學者對新聞的定義如何，在過去幾部新聞學書籍中，我找出故徐寶璜教授來代表他在他的新聞學綱要上說：

「新聞者，乃多數閱者所注意之最近事實也．」

這條定義雖很簡略，但新聞的素質已表現無遺了．近來又加上了二個附件，（一）是興趣，新聞要有興趣，纔能吸動讀者，和深入讀者的腦海，就是沒有興趣的事實，也要靠着編述的手腕，來引動讀者的心眼．（二）是倫理觀，這種有興趣的事實，是不違背道德律的，在讀者是有利益的．折合中西的學理，我的新聞定義是：

新聞就是最多數人所注意而感到興趣的最新的事實．

第三節　新聞的價值

新聞社每日所得的新聞稿，超過所刊出者若干倍，這個去取的標準，就是拿新聞的價值來決定．所謂新聞的價值云者，就是新聞所涵的成分，注意的人的多寡和深淺的意思.新聞編輯對稿件的詳略前後,都可估量這則新聞的價值.大概可取幾則新聞來比較,以精采重要的程度,及精采結合的成分,來定個準繩,如含有多量的精采,則新聞的價值自大.下一結論,新聞價值的大小,以新聞精采的多少爲正比例.同一新聞,它的價值的高下,又以發生及登載的時間爲正比例.相隔的時間愈短,則價值愈大,愈長則價值愈小.因此新聞社各鉤心鬬角,縮短時間,來保持新聞的價值.最顯著的方法爲傳遞的迅速,與發刊次數的增加.從前採訪新聞及報告消息,多用書信及面述,自電報發明後,纔利用電報及無線電,不但便利而且迅速,新聞的價值因之大增.歐、美、日本各大新聞社,爲求更迅速更敏利,自設專用電線及無線電臺,以期祕密和迅速.近來電傳眞蹟發明,又利用以傳遞照相文件,復進而利用傳送全頁新聞紙,所增加新聞的價值,尤其偉大了.但是新聞的採訪傳遞既加迅速,出版的次數也要隨着增加,纔能顯出新聞的價值的功能.通常新聞紙每日發行朝刊或夕刊一次,出版後的重要新聞，非等到次日不能登載，新聞的價值每因此而低減了．為補救這種遺憾，只有增加發刊的次數．現在各大新聞社都有朝夕二刊，有的增發午刊，臨時發刊號外，使新聞於最短的期間內，報告於讀者．近來藉着機械的威力，出版既速，新聞的價值更顯見偉大了．

問題

一　新聞的本質是什麼？

二　東西學者對於新聞界說的異同在什麼地方？

三　什麼叫做新聞的興味主義？

四　新聞的定義是什麼？

五　新聞的價值如何決定？

第五章　新聞採訪與編輯

第一節　新聞的種類

新聞是什麽，前面已經說過了；若從種類上說，可大別爲二種：一種爲意內的新聞，也稱爲裸體的新聞，這種新聞，新聞社是預先知道的，如某日有某種會議，或某種事件等，新聞社事前皆可預備，臨時派人去採訪，因爲是有把握的，故稱爲意內的新聞。另一種爲意外的新聞，也稱爲突發的新聞。這是臨時發生的新聞，是不能預定的。如某處忽然發生火警，某處突然有盜案等，新聞社事前不能預測，但備訪員多人，以便臨時採訪，故稱爲意外的新聞。這二種新聞的來源如下：

（一）警察廳及其轄區——犯法，逮捕，遇險，自殺，火警，遺失，暴死，及關於警察廳組織方面的新聞。

(二)消防隊——火警,損失,及關於消防隊組織方面的新聞.

(三)驗屍事務所——慘死,暴死,自殺,及暗殺等.

(四)衛生局——死亡,傳染病,衛生報告,自來水情形.

(五)登錄局——財產的買賣,轉移及抵押.

(六)市政廳——關於市政及結婚執照等.

(七)地方監獄——犯法,逮捕,與執行死刑.

(八)縣知事公署——任命,免職,與市政政策.

(九)刑庭——控訴,預審,與審理.

(十)民庭——起訴,駁復,審理與判決.

(十一)遺產管理處——財產與遺囑.

(十二)破產判斷處——讓賣,失敗,接收人的任命,債權者的集會,與倒莊的清算.

（十三）房屋檢閱吏——修屋執照，改建執照，危險建築物的責罰，防火規則，與防火方法。

（十四）公益委員會——價格案件的審理與判決，及管理規則。

（十五）建築公所——市政的改良。

（十六）航業公所——輪船的到埠與離埠，貨物及航業等新聞。

（十七）慈善總會——窮困，貧乏，與救濟。

（十八）商會與交易所——股票，產物，五金，牲口的時價，買賣等新聞。

（十九）旅館——要人的來往，私人及公衆的宴會。

（二十）其他——一切公共場所等。

上面這個表是美國人所視爲新聞的來源，及來源所能供給新聞的種類。各地因各有特殊的情形，來源的地方也略有不同，大概總不出：（一）政府的機關，（二）人民的團體，（三）私人的供給，這三大類罷了。

第二節　新聞的採訪

新聞紙上的新聞，一部份爲通信社所供給，餘則爲剪報及外來的投稿．而大部份的特殊新聞，則須自行採訪．新聞社大都設一採訪部，擔任採訪新聞的．分爲二種：一是普通訪員，一是特派訪員．例如某報派駐某地方的訪員，凡關於此地方所發生的各種事情，只要有報告的價值，不問其價值如何，訪員卽有迅速報告的責任．這是普通訪員，或稱做駐某地記者．此外又特約專門家來擔任某一部份的新聞，如長於外交的人員關於外交的消息，專門經濟家關於經濟方面的報告，謂之特約記者．有時某地有特別的大會議，或發生特別的事件，臨時加派專員或專家，卽謂之爲特派員，分論如次：

（一）普通訪員　普通訪員又可分爲本埠、外埠二種．本埠訪員受着編輯或採訪主任的指揮，出而活動，責任較輕．外埠訪員則獨當一面，專負一地方或一機關的新聞，應時時刻刻注意，以免遺漏消息，而爲他報所先發載，而自己反成落伍者．一方面要盡報告迅速的使命，一方面又要發揚本社的聲譽．注意之點有三：（甲）所擔任採訪的區域內，須先聯絡各方面的人物，如該地的長官，機關的人員，名流學者，紳士政客，下至販夫走卒，在可能的範圍以內，盡量的聯歡，不要過惜交際的費用．如此則事件的發出，可得較早的報告；即着手採訪，也容易得到線索．這就是因爲平時交遊廣闊，各方人士樂爲贊助的緣故．（乙）所擔任採訪的區域內，如政治、社會、經濟、教育各方的勢力，地方風俗、人情、交通的情形，以及商業金融生活狀況等，都應瞭如指掌，則一件事實的發生，自然容易明瞭其前因後果，採訪也有了相當的把握，不致於茫無頭緒．（丙）當時往來各機關，如政府各官署，重要的團體，及活動的人物，往往都有新聞線索的，應隨時隨地加以注意，纔不致遺漏重要的消息．

（二）特派訪員　凡某處有重大的會議，或突然發生的事件，由新聞社特派專員出席此種重要會議，或則專調查此事件的眞相，發生的經過，現在的狀況，以及繼續發見的新事實，和各方面的輿論．並於報告事實之外，還可以加以批評，大都以夾敍夾議的體裁出之爲多．例如某處開了一個勞工會議，這是一種特別會議，並不是普通記者所能勝任，自然要特派專門的記者出席．又如某處突然發生戰事了，就應派對這地方的情形熟習，而具有軍事學知識的記者前往，纔有良好的成績．這種特派記者所負的使命注意點如下：（甲）得到新聞社的任命，立即出而活動，不必爲瑣碎的徵問，應隨機應變，爲適當而有效的採訪，盡其所能爲之．（乙）力所能及，以不辱此來任命爲第一要義。因爲特派員與軍隊的接受出發命令無異，此時只有奮勇直前，盡其在我的責任而已．（丙）事前須胸有成竹，並爲種種的預備，如訪問先進，托人介紹，籌畫應備各件，在最短的時間內爲之，以免臨時急不應手．時時以敏捷正確爲信條，以盡特派員的使命．

訪員採訪新聞，要有認識有方法，還要守着下列的信條：

（一）採訪新聞，採訪所有的新聞，切勿視謠言爲事實．

（二）如爲採訪重要的新聞，順每一線索而追究到底．

（三）新聞之有價值與否，當自爲裁奪，不當信談者的褒貶．

（四）敏捷辦事，但勿忙亂．

（五）不可因求速而致粗心，或不正確．

（六）切不可空手歸來，應設法訪得所被派採訪的事件．

（七）有請勿登載某事者，宜答以：最後的決定權在編輯，自己不可輕許尤不可受賄，爲他人隱藏．

（八）應設法使自己熟悉城中各處，尤應熟悉本區內的各地方．

（九）本區內各新聞來源的處所，切不可一日不去．

（十）應與因職務而相接洽之人爲友，使其對我的事業發生興趣，而願助我採集新聞.

(十一)勿爽約,勿爲不能守之約.

(十二)訪問時不可當面筆記.

(十三)在訪問之前,應確知己所欲得者爲何.

(十四)備一袖珍簿,記載各種新聞的提要.

(十五)除非某報所登的新聞,素來確實,否則切不可轉錄.

(十六)廣告性質的新聞,不可登於新聞欄內.

訪員遵守着上列的信條,於採訪新聞的標準。可說思過半了.凡一事件發生之先,應先注意新聞的重心何在,乃出而活動,憑其理智與經驗,以獲得有價值的新聞.此種積久的經驗與修養,卽無形中採訪新聞的法則.美國講壇報新聞社對訪員每有具體的採訪新聞標準,卽所頒行的訪員規約與禁約.禁約從略,其所需要的新聞如下,訪員卽以此爲採訪的標準.

(1)政治新聞，應以全國公衆的興趣爲主，勿偏重個人或黨員．

(2)選舉有重大性者．

(3)羣衆大會演說盛宴等．

(4)鐵路或其他官員的委任，而爲人所注意者．

(5)鐵路新公司的成立，或舊公司的合併，以及托辣斯或大公司的創設，每足以使大資本財產的集合，而與公共的福利有關者．

(6)商店倒閉，虧逾三萬元，核明資產債務，而代理人或收款人已有一人正式委定時．

(7)虧用賬款數逾一萬元者．

(8)罷工，失業人數逾二百，或足以引起一般人的注意，及阻礙運輸交通，或罷工有一部份暴動時．

(9)暴風猛雨，損失多數生命財產者．

（10）突生事件，死亡二人以上，或損失大宗財產者．

（11）火車肇禍，損失逾五萬元，死傷一人以上．

（12）船隻遇險，損失逾萬元，死多人者．

（13）火災損失逾五萬元，死傷多人，而焚燬商鋪三家以上者，至保險總額，也須略記．

（14）重要事件的審問，須照新聞社指示各點愼爲記述．關於鐵路公司，大商店，及公衆感有絕大興味的判決詞，須簡明敍述．其普通刑事案件的預審或判決非所需要．

（15）暗殺事件，除有非常特別情形者外，可簡略敍述之．

（16）盜案除足以駭人聽聞者外，須損失在五千元以上者．

（17）罪犯執行絞刑，須先將其罪狀由郵遞寄，然後候示拍電．

（18）强姦或墮胎，均不需要．如墮胎係有名婦人，因而死亡；或行姦之人被捕時，則報告之.

(19)各項運動，須先將節目送社，如需要此項材料，卽當電復採訪.關於懸獎角鬥，運動比賽，打靶競賽等，若參與者的聲譽，僅限於本地，卽無需寄稿.但因此而致有死亡，或突破一省或世界的記錄者不在此限.

此爲美國式報紙對外埠所需要新聞的標準，各報因爲立場的不同，注意點當然也略有不同了.至於國家更不用說.這種標準自然不能放之四海而皆準的.固然大有變動的餘地，卽訪員也要隨時監察機宜，不能墨守不變，致失重要的新聞.總而言之，新聞的採訪自然要以新聞的價値來決定，也需要着新聞記者的敏捷的手腕呵!

第三節　新聞的編輯

新聞編輯就是將訪員所採得的新聞，報告於讀者的工作.編輯第一要翔實，使讀者詳悉事實的前因後果；第二要明瞭，使讀者一覽無遺；第三要簡要，使讀者以最經濟的閱讀，獲到最大的知識；第四要藝術化，使讀者能發生美感。關於編輯的步驟，約略如下：

(一)蒐集材料　新聞材料的來源，不過數種，一爲通信社，二爲訪員專稿，三爲社外投稿，四爲來件。第一步工作即集在一起，開始整理起來。

(二)選擇材料　新聞材料既集，即進而加以選擇，其方法有數種爲三步式，一爲評衡其新聞價值的成分；一爲今日報上能容若干的分量；一爲由上面的價值與容量，而定一去取的標準。編輯人要以常識測察新聞的眞僞，區別其輕重前後，還要一方視社會的需要，一方謀引起讀者的興趣。有了歷久的編輯經驗，自然能爲適宜的選擇。

(三)整理材料　新聞材料既選擇好了，則爲整理的工作，整理的要點有二：一爲對文字上的潤飾，使所記載的文字，適符簡要明確的原則；二爲對新聞價值與興趣的增加，這全在編輯的取材與文學上的手腕。報上常有冗長沉悶的長篇記載，在新聞原則上固也適合翔實的原則，或新聞的本身也有登載的價值。但編輯者應以最經濟的方法，以報告於讀者。凡一新聞，去其渣滓，留其精粹，損益字句，俾其生動，這叫做剪裁的工夫。總說一句，整理材料就是增加新聞的價值罷了。

(四)編成材料　最後爲編成材料，須注意三點：(一)改正新聞的形式，如標題排列的高低，用活字的大小，長短的行數，如應該如何編列，纔爲完善。(二)標題的目的，在揭示綱要，和引人注目，凡籠統含糊的題目，應避免之。(三)新聞前後的次序，以新聞價值之高下爲前後。(四)注意校對，不使有一字的錯誤。(五)全版的藝術化，編製印刷，都可以使讀者發生一種美感。如此，纔能盡編輯的責任。

這是編輯上的程序，若就各新聞紙的立場來說，一報有一報的立足點，自然一報有一報的編輯方針，以發揮其特殊的色彩．但就大體上論，則下列三點為一般的編輯記者所應注意的．

第一、編輯時要盡量記載一般人所欲知道的事實．凡是重大的事件及含有重要性的問題，一般讀者不但欲知道事實而且欲知道這事件的學理，及這問題將來的變化，於此，因人訪問的新聞，應盡量的揭載．次則與人類日常生活有密切關係的事實，也要儘先的報告於讀者．因為這些都是讀者所欲知道的．

第二、編輯時要盡量表現新聞的價值．所謂新聞的價值，就是注意此則新聞人數的多少及注意程度的深淺．有價值的新聞，如沒有動人的敍述，引人的標題，也是埋沒了的．編輯要能認識新聞價值的所在，而且盡量的表現出來，換句話說，就是提供新聞價值於讀者．

第三、編輯時要使讀者以最經濟的方法，領略全報的精華．現代人事日繁，讀者自然沒有很多的時間來閱報，編輯者為使讀者時間上精神上的經濟，要以最簡要的方法來編輯新聞，使讀者一覽而全報的要聞入眼，這樣纔能盡編輯的能事.

關於編輯的問題，詳細言之，可成專書，這里不過一個大概罷了。

問題

一 新聞的分類有多少?

二 新聞訪員分爲幾種?

三 特派訪員的使命是什麼?

四 新聞編輯的次序如何?

五 怎樣纔能編輯好的新聞紙?

第六章　新聞記者論

第一節　新聞記者的責職

新聞紙的製作者是新聞記者，新聞記者是什麽呢，他的社會地位怎樣，負有什麽使命？歐美的學者說，新聞記者是個公正純潔的自然人．他把整個的生命，獻給司報之神，在眞理和事實之前，披瀝忠誠的肝膽．他沒有指揮握着筆的權力，只是代表眞理和事實而已．眞理所在，刀斧加頸，也不變他立言的態度；事實如此，明知危險，他也就事確實的報道．有大我，沒有小我，有客觀，沒有主觀，他完全立在一種超然的地位上，盡他應盡的天職．

新聞記者旣立在第三者的位置，唯一的職務在眞確的報告．一種事實的發生，不必問其性質如何，與自己的關係如何，凡爲最多數閱者所注意所要知道的事實，都應爲忠實的記載，大公無私的批評，不許有或種作用的意志存於其間.因此,新聞記者的地位,在社會上是超越的,在精神上是獨立的,在記載上是客觀的.諾彝斯說:「新聞家決不是原告,也不是被告,也不是審判官,但就每日所發生的事實,爲忠實的報告而已.」

社會對新聞記者這樣的尊重,也可以說是由新聞紙的地位來的.在現代的新聞紙,已成了人生日用的必需品,和早餐一樣的重要.歐洲人開門三件就是牛乳,麵包和報紙.有人直截的說,新聞紙已成人類精神上的糧食了.他的內容是非常的豐富,勿論國家大事,里巷細聞,以及百科的學藝,無所不包,爲人類活動的縮寫,社會反映的鏡子.我們每日從報上知道世上的一切現狀,獲到人生必須知道的許多智識,來應付新環境的生活.還有不平的呼聲,歌贊的意見,新聞紙也成了我們公共的喉舌,爲輿論的代表.社會一日的存在,就非有這面反映着社會的鏡子不可.

然而新聞紙是無機的東西,而有機的主持者却是新聞記者.新聞紙聲價

的高低，全看着新聞記者如何來決定的．新聞紙是社會公共的言論機關，新聞記者便是服務這機關的公僕．他是爲社會爲公衆來工作的．他的地位既站在公衆的立場上，立論記載，便應從多數人着眼，代表公衆利益來說話．這麽言論才能得到社會的歡迎，羣衆的擁護，有左右一切的潛勢力．而建築了他在社會上佔最高貴地位的基礎，隱然握着無冕帝王的權力．

新聞記者不但具有帝王般的權威，同時還是一個先知先覺的大師呢．大都社會的羣衆，畏難苟安，可以觀成不可謀始的．新聞記者爲時代的前驅，應該善用民衆，從事於向上的建設，就是報上所說的「啟發民智指導社會」的老生常談．次則在某種變態之下，盲目的羣衆，情感激昂，每有越軌的舉動，新聞記者應抱着超然的態度，爲適當的指導，以盡他先覺覺後覺的責職．如此才能爲人羣的導師，社會的先知先覺者．

在社會上新聞記者既是「超社會的」的「自然人，」但在職業上新聞記者也是一種文字職業.職業本來沒有階級,職務也沒有貴賤上下的.不過通常每把薪俸的厚薄,事情的繁簡,也作職業貴賤的比例.我們若也以這個比例來評衡新聞記者的職業地位,則新聞記者在社會上的地位雖然很高,在職業上却成個反比例,是很低的.新聞記者的工作沒有定時,起居飲食沒有節制,外勤的鎮日奔波,從事新聞的採訪,內勤的徹夜伏案工作,來編製報紙,無論風雪,總在疏星曉月中趲着歸程.這樣日夜不息的苦工,而物質上的酬報,却是較一般相當的階級爲低微.成爲特別清苦的職業.

但是,新聞記者的職業位置,和普通商店的僱傭有別.報館固然是營業的性質,但另一方面却有服務公衆的意義.商店的職員固可一心一德爲店方謀利益,而新聞記者却要顧到讀者.一方面的權利.在職業的形式上爲館主的傭工,而精神上是服務社會的公僕.換句話說,在職業的精神方面應該是獨立的,和自由的.現在我們要記牢新聞記者地位的崇高與威權,新聞記者職業的獨立與自由.我們站在社會上要認清新聞記者的地位,執着新聞記者職業的要保持這已成的高貴的地位.

新聞記者的責任和位置既如上述,他在職業上的任務是什麼呢?通常新聞記者可分爲二類:一種是內勤記者,即編輯員,如主筆、總編輯、國際編輯、地方編輯、政治編輯、教育編輯等都屬於內勤的記者.另一種爲外勤記者,即訪員,如採訪部長、訪員、通信員、特派員、特約通信員等都屬於外勤的記者.外勤記者是新聞材料的搜集者,內勤記者是新聞材料的編製者.這內外勤的記者是互爲表裏的.若是只有優良的編製者,而沒有精美的材料,巧婦難爲無米之炊.反過來說,若是只有好材料而沒有好編輯,新聞的精采無從表現出來.故內外勤記者是相得益彰的.茲略舉各部人員應負的職務如下:(參看第三章新聞社組織)

新聞社編輯部的最高領袖爲總編輯,或稱爲總主筆.總攬編輯部的全權,決定編輯的方針，支配各部的人員負記載上的責任，責職至爲重要，猶一國的元首．近來也有很多改用委員制的，由若干編輯員共同負責，稱爲編輯委員會，而由一主席編輯主持之．

總編輯之下設一編輯長或編輯主任，商承總編輯主持編務，指揮編輯方法，監定校對上版，決定最後消息去取，以及編輯部的雜務，都由他負責，有不能決的才請示於總編輯．這種人才在實際職務上也很重要，辦事要幹練，裁判要敏決，才能負此大責．

編輯長之下是評論記者，評論記者也有由總編輯或編輯長兼任的．這是報紙立言所在，一個報館的靈魂．一篇社評，不單有關係報紙本身的安危和報格，對社會尤有莫大的影響的．現時有許多報館另組織一評論委員會，要評論甚麼，要怎樣的評論，由重要的編輯員議定，再交一人執筆，採用不署名制，由全社負其言責．

新聞編輯中有國際、國內、地方、本埠、社會、經濟、教育、體育及其他各部記者，在其範圍以內，按着本報的編輯方針，製作新聞，決定去取，標題校樣，都要盡他的力量來做，負其任內的責任。我的朋友周孝庵先生說，要做一個好記者，須兼有豐富的學識和經驗，而具有左列的條件，才能盡他的責任：

一、眼光要注射於全社會、全國、全世界，能聞，能知。

二、對於社會的一切事物，不但要知，而且要明瞭社會的裏層，對新聞才能有正確的觀察，不爲人所蒙蔽，不致與事實隔膜。

三、要親歷「新聞戰場」，對於社會的情形要熟識，交遊要廣，而採訪才易。

四、編輯新聞能盡量記載一般人所欲知的事實，盡量表現新聞的價值，並使一般讀者時間上，精神上，以最經濟的方法，領略新聞的內容。

五、有製作標題的豐富經驗，和特殊的技能。

六、對新聞的編輯法有革新及創造的能力。

七、對新聞的去取，以多數人的利益及新聞的價値爲標準.

八、對任何新聞有判斷「毒素」新聞性質的能力.

九、明瞭「正確的事實外沒有新聞」的原則.

十、寶貴的地位中不刊沒有價値的新聞.

十一、不輕信違反事實的報告.

十二、不刊攻人陰私的新聞.

十三、不刊雷同的新聞.

十四、新聞中力除批評的語氣，和獻媚阿諛的字句.

十五、尊重彼此的人格，並有蒐集新聞材料的計畫與能力.

十六、敬業，樂業.

右列十數個條件，都是有志從事新聞記者的人要記牢的，才能盡他報告忠實的責任。

關於訪員方面，勿論其爲普通訪員，特派訪員，本埠公僱訪員或通訊社的記者，他的責任也是在忠實的報告新聞，和編輯部的人員是同一旨趣的．外勤好像材料的搜集者，內勤則爲材料的製作者；職務上雖有分別，而在責任上都是以忠實而敏捷報告新聞爲第一義．

第二節　新聞記者的資格

新聞記者的責職既是非常的重大，要具有什麼資格纔能勝任呢．最低的限度，對於新聞事業要有正確的認識與信仰，而在學問和技術上又有相當的修養．自然我們是希望新聞記者都是大學新聞學系出身，而又有豐富的經驗的專門人才，才配戴上這無冕的王冠．不過在這新聞教育尚未普及的時候，要有什麼資格，才能够勝任呢?

第一、要有健全的身體，而又有活潑禮貌的丰度——我們在修身的書本上，常常見到「偉大的事業，寄托在健全的身體上」這句話，雖然是老生常談，但做那一種事業，沒有健全的體魄是不行的，而在新聞記者這種繁重的職業，尤其重要。我前面已經說過，新聞記者的起居、飲食、執業、服務都是沒有紀律的，犯着衞生的大戒。例如做訪員的，平時採訪固然有相當的時間和範圍，但遇着有突發的新聞時，往往沐雨櫛風，日夜不斷的奔波，幾乎沒有休息的空暇，倘若不是有健康的身體，早已病倒了。就是做編輯的比較的安逸些，但遇有重大的事件和電訊，也要延長工作的時間，冒着晨風朝露返寓休息。這種違反衞生的深宵勞役，很有害健康的。神經衰弱，眼力近視，以及失眠胃病等差不多成爲新聞記者的通病。所以當新聞記者第一要有完美而健康的身體，才能負擔這辛苦繁劇的責任。同時在執業的時候，也要有活潑而有禮貌的丰度，以引起對方的尊重。並在可能的範圍，總得時時注意身體的康强，爲一健全的新聞記者。

第二、要有豐富的常識，而又有專門的學問——新聞記者的責任是報告新聞，新聞的性質，是非常複雜的，無所不包的，政治、外交、經濟、社會、地理、歷史各種學藝無所不有。所以西人說：「新聞是包羅宇宙的一切現象，爲人羣活躍的記錄。」新聞記者若不是具有豐富的常識，便不能應付裕如。這種常識雖然不必怎樣的高深，却不可不廣博的。有了這多方面的智識，對於一切的事情才能熟識，觀察才能徹底，記載才免錯誤。例如做一個政治記者，編製一則重要的政聞，這條政聞曲折繁複，並不是單純的，而是牽涉到許多方面的，倘若沒有廣博的常識，如何能適當的編法。採訪新聞更不用說了。此外還要有一種專門的學問。新聞記者誰都要有一門特長，如政治、經濟、外交、軍事等。因爲報上的新聞要有精采，須有一種有專門的人物來寫，才能轟動讀者。所以我說此後的新聞記者在智識方面要常識化，在學問方面要專門化，才能來負擔新時代的新使命。

第三、要有冷靜的頭腦而又有熱烈的情感——在採訪新聞或編輯時，場所非常的繁雜，而時間又非常的迫促，同一的消息，有時有截然相反的報告，消息又萬分的複雜，無論是採訪是編輯，要細心的思考，敏捷的觀察，而用冷靜的頭腦來判斷，理性才不致爲情感所蒙蔽．因爲頭腦冷靜，而後判斷事理才能明晰，事理明晰，而後記事才能忠實．但冷靜判斷中要有同情心，卽行文間有熱烈情感的流露，才能激動讀者心弦的共鳴．故對於事物要有同情心，以吸引讀者的同感，叙述要有熱情，以引動讀者的眼力．冷熱爲適宜的運用，始能盡新聞記者的能事．

第四、要有敏銳的眼光，而又有强健的記憶力——新聞記者觀察人物，推論案情，要明瞭而透闢，非有敏銳的眼光不辦．一條消息的眞僞，某種報告的作用，一經着眼，卽能洞見底蘊，才不致含糊受欺，自陷於錯誤中而不覺悟．其次便是記憶，外勤記者訪問某一名人，或赴某種會議，對於談話及議案，有時不能記錄時，全要靠着記憶的力量，事後來補記的．若是記憶力薄弱，過後輒忘，那怎麼辦呢？內勤記者對於重複稿件的修改，案情前後的聯絡，也是非有强健的記憶力不可．近來人事日繁，各報館有「剪報室」的設置，把各種新聞分類歸在一起，以備臨時的參考，也是幫助記憶的良法．

第五、要有靈敏的手腕，而又有勤勉的習慣——新聞如鮮魚，稍遲即失其味，採編新聞，要以最靈敏的手腕，最迅速的方法，來報告於讀者．何處可以採訪新聞，如何可以即獲新聞，並能立刻判斷其價值，定其去取的標準，此訪員的靈敏手腕；驟獲亂雜無章的消息，同時數種相反的報告，不費苦思，而立能編成正確的新聞，此內勤的靈敏手腕．具有此種手腕，要有勤敏的習慣，不要畏難偷安，或中途灰心，放棄職守，無論在何地何時間，總要勤捷勉勵的工作，這是新聞記者成功的祕訣．

第六、要有交遊的新聞鼻，而又有優美的文筆——新聞記者的採訪新聞，全賴着交遊的幫忙，若是不大和人家來往，從那裏去採訪新聞呢．所以新聞記者同時又是社交家，日人稱訪員做外交記者，就是這個意思．新聞記者無所不交，上自達官貴人，下至販夫走卒，各流各級，無不可與之爲友，因爲並非以結交朋友爲目的，而是以採訪新聞爲目的的．同時又要有優美的文筆，無論在何場所從交遊中得到的新聞，即能隨地寫成有趣的新聞稿．這些交遊不啻新聞鼻（A Nose For News）而隨時隨地能運用優美流利的文筆傳達出來．

第七、要有道德的涵養，而又有獨立尊嚴的人格——品性爲立身的根本，誰都要有完全的人格．而在新聞記者尤其重要．因爲新聞記者受引誘的機會多，而墮落後的影響比別人大．新聞記者握着寶刀來平定世界，操着法官般褒貶的權威，一舉一動，爲人羣的表率．處此萬惡的環境中，想利用他的人們，利誘勢逼，來軟化新聞記者，以遂一己的野心的很多．新聞記者要不爲金錢所誘惑，威武所屈服，而保持其公平正直的態度，尊嚴崇高的人格，全賴着道德的涵養．若是沒有修養而墮落，則貽害於社會眞不堪言了．故新聞記者首要尊重道德．擁護正義，養成高尙獨立的人格．英人常說：「偉大人格者的一枝筆，勝過一把刀」這句話是說偉大人格者一枝筆，勝過一把刀，並不是有筆便勝刀哩！具了以上七條件，才配稱爲新聞記者！

第三節　新聞記者的養成

新聞記者職位的崇高，責任的綦重，自非不學無術的人所可尸位素餐。於是有養成新聞記者的呼聲，而有新聞教育的建設。新聞教育的目的，在養成專門的新聞人才，來辦理較善的新聞紙。據新聞史的記載，最早的要算英國倫敦大學最先辦有新聞學科，而較盛的則爲美國，較科學的要算德國，可是特別的却讓俄國了。現在一般人注意的是美國式。美國在一千八百六十九年的時候，華盛頓大學當道因鑑於學生有志從事印刷業及新聞業者，有施設職業教育的必要，而假借印刷公司的工場，給學生以關於印刷及新聞紙製作的實習。當時社會很多藐視這種設施，以爲新聞從業者不必施行職業的教育。當道不顧輿論的毀譽，而努力着手建設，終於立下新聞教育的基礎。

新聞教育的呼聲日高一日，先覺的人士漸漸地認新聞職業教育有實施的必要。美國白西洛尼亞州立大學（Pennsyluania）首先辦新聞學科，以實際的訓練爲主眼，以定施教的方針。學科的內容，述要如次：

（一）新聞紙製稿的實習——新聞的製稿原稿的編校，論說的作法。

（二）時事問題的研究——研究或討論當時發生的各種重大問題，並將此種問題撰爲論說。

（三）新聞紙的歷史——新聞紙的起源，變遷，以及對社會文化的影響。

（四）新聞紙的製作術——關於編輯方面的實習，以及社論、編輯、採訪各部記者的責任與作用等。

後此數年，其他大學也有同樣的設施，以校刊爲實習的機關。至一九〇九年蜜蘇里州立大學聽從新聞協會的勸告，始正式開辦新聞學院（School of journalism），院長威廉博士對新聞教育的意見約如下列所記：

新聞學院所授的學科，主要爲新聞紙發達史，新聞紙原理，新聞社行政，新聞的探訪與報告，社論的撰述，通信練習，新聞紙法，比較新聞學，新聞紙製作等，以上包括關於新聞紙的原理及實際技術。此外授以新聞記者所必要的外國歷史，英文學，社會學，經濟學，政治學，心理學等。蜜蘇里大學的新聞學院的特色，即在有新聞紙製作的實習科，凡經此訓練者，必較他人可就更大的任務。

這不過初期的雛型，此後隨着新聞科學的發達，設備與課程，較爲完善。同時華盛頓哥倫比亞各大學，都有新聞學科的增設，不過着重養成優秀的訪員與編輯人這二點略有不同罷了。關於這個哈佛大學總長對養成新聞記者必修的課程，發表左列的貢獻，在新聞教育上有很大的影響，原文如下：

（一）新聞社行政——新聞社的組織，發行者的任務，新聞社的財政，國內外通信網的設施.

(二)新聞紙製作——印刷機器學,油墨紙張的研究,編輯的藝術,印刷的手續,校對的方法,活字的鑄造.

(三)新聞紙法理——著作權,誹毀罪,出版法,新聞紙的權利與義務,發行人,編輯人,社論記者,訪員投稿者等人的責任.

(六)新聞紙的倫理——新聞記者對公衆所負的責任之意義,新聞從業者對出版自由的賦與權的認識.

(五)新聞紙的用語及文法——新聞紙的慣用語,句點,省點,裝訂及特殊文字.

(六)新聞紙的實習——新聞的報告,通信與社論的作法,原稿的點定.

(七)關係重要科目——現代史,政治學,經濟學,地理學,財政學.

各大學的新聞科的科目,大部份是依照上述這個標準而略加以變通的.

另一方面還使許多在職的新聞從業者，有獲得更高深的知識的機會，而在大學中設有新聞速成科，原名爲Short Time Course，或稱爲新聞週(Newspaper Week).這新聞週是各州的新聞記者集到主辦的大學來聽著名的新聞紙及雜誌的經營者及主筆們的經驗談，或作實際上的交換意見，討論各種問題，以收集思廣益的效果.各大學且進而召集新聞記者大會，以討論編輯、營業、印刷及其他關於新聞紙的改善事項.近來更形分化，而有農業新聞，商業新聞等的獨立，最注重實習，着眼在職業的訓練，這種美國式教育在世界上很有勢力.

在東方新聞記者的教育，已急起而直追歐美了.對於要作新聞記者的，應給與一種完善的職業教育，已爲一般人所承認，在中等教育也已有加進新聞學一門爲必修的課程的動議.最低應給與中學生以「新聞紙是什麼」的觀念.但許多教育者不但不授以新聞記事怎樣的寫法，甚且也不教以怎樣的讀法.還有些認新聞紙在學生是徒費光陰的這偏見的造成，是由於(一)教育者缺乏關於現代新聞紙的知識；（二）誤認新聞紙將給學生以不良的影響；（三）教育者關於新聞紙的製作及選讀，未曾受過相當的教導．基此三因，相當的新聞教育訓練要來實施在中等學校內，似乎一時不易辦到．但在教授作文時，順便教以新聞記事的寫法，養成對消息的趣味，及對事物有一種精確的觀察力，使中等學生有敏捷的思想，及寫作的流麗清新，則對新聞自然有若干的興味，而欣悅的從事這種新聞紙的模仿，而逐漸的注意，最低對新聞紙有選讀的趣味，將來到大學的時候，對這一門已有相當的基礎的功課，必有更大的成效了．

根據上面的理論，大學或專門學校的新聞教育，已成爲一種職業的教育．而在中等學校內則作爲作文方法來教授，教師應有下列的心得：

（一）引起學生對於作文更有嗜好心，而養成其寫作的力量要點：（1）要多讀、多聞、多見（2）所讀、所聞、所見的，要引起來寫的心（3）自己所寫的東西，不但要供給讀者，而且要有左右讀者的力量．（4）作品不獨要得到教員的好評，而更須得着公衆的共同讚賞．(5)由新聞作品，而增加其對別的文章的評判力．(6)有評判思想價值的能力．(7)對於新聞的搜集與製作，要發揮獨創的心力．(8)有相當的印刷方面的知識．

(二)增加學生的觀察力，教授的注重力有三點，(1)精確地來理解一切的事物；(2)對事物抱有善良的觀念；(3)從新聞紙的紀事，進而對高尙的文學有憧憬的心影．

(三)使學生認識新聞紙是指導公衆的言論機關，對新聞紙的發達，與對社會的影響，也有適宜的學識．且授以新聞的分類，選擇新聞紙的種類知識．

總之，在中等教育裏面，教員不必存有要養成一個新聞記者的觀念，只要使學生對新聞紙有一個正當的認識，或引起相當的興趣就够了．關於新聞紙教授的方法，再爲具體的申說，約如下面所記述的：

1. 關於新聞紙的實習——從著要的新聞紙及雜誌，專門刊物的特別記事，或其他時事的重要問題，試問學生．其次使學生注意於事件所包涵的根本事實，找出其癥結，與爲什麼這些事件值得記載的原因，和分解記者怎樣表現的方法．若在記事中發見了特殊語，則使學生記於雜記簿上，俾寫作時即能利用此種特殊的語句．

實施新聞教育的學級，特仿新聞社的二大部門，即編輯部與營業部．兩部的部長，或學生互選，或指定適當的人物都可以．部長的人物既定，組織也建立了，由部長與教員協議部務，決定各部的人員，及各部員所擔任的工作，而合力來創辦學校新聞，或類似學校新聞一類的刊物，最好得到當地新聞社的助力．方法約有數種：(一)本地新聞紙有空時，即商借其機械，由學校新聞社學生自行印刷，以資練習，而完成關於印刷方面的學識．(二)有機會則請本地新聞紙特闢一學校版，以爲相當的實習機關.(三)本地新聞紙如不能特闢一版,則在教育頁或其他地位設一特別欄,也是很好的.這學級爲研究起見每星期要有二三次的集合,請教員來講評或新聞記者來作特別的演講.

2. 新聞學級的設備——中等學校要施行新聞紙的教育,不能不有相當的設備,在可能範圍內,務須設一特別教室,室內的陳設,也要模彷新聞社編輯部的格式,當然要設電話,電話簿,人名錄,職員錄,地圖,與各社的新聞紙,以備參考.總之要像一個新聞社編輯部的雛型.

3. 營業部的任務——新聞社的能夠獨立,大半靠廣告的收入,這項收入差不多要佔全部營業的三分之二.學校新聞雖然不是營業的,但既有了營業部,就要像營業樣的經營,並且也是很有趣味的事.營業部的部員,要從學生及校友中招徠訂閱者,且謀怎樣去推廣銷路,製成讀者的統計表.但僅由讀者購買力的收入,到底還不足以與紙費和印刷費相三分之二的程度，可向學校有關係的如書店、體育用具店、衣服店等招攬，或托廣告代理社也可。發行要照着像新聞社的樣子做去，才有相當的紙費可以收入。若是廣告費及新聞紙費不足以維持營業的時候，可請校友捐助，或由學校補助。

抵償，所以也要兼載廣告。廣告費以發行額爲標準，在能抵償新聞紙

4. 新聞紙製作的心得——關於製作方面，約有下列幾點要注意的：（1）紙面的體裁如何配置，先考慮記事的輕重前後，插圖的位置適否，活字大小的調和，以給予讀者入眼爲快的快感。（2）廣告的配置與新聞紙的體裁關係甚大，所以不能爲圖省事，而委之印刷所，應自行編製，使適合於美觀。（3）標題的藝術原稿的校閱，都須自行擔任，由學生負責，教員指導之。（4）在學校的立場上，應先注意什麼是新聞，而爲學校新聞的選擇，决不可學一般新聞紙的辦法，以政治、經濟、社會等消息爲主要

題材.（5）訪問的方法，也要應用，不過只限於學校一方面罷了（6）撰述社論要與新聞記事同一樣的重要，對學校事務及教育事件來作自由的論評.

像上面這樣的做去，一般國民在中等學校時代已有適宜的新聞教育了.進了大學，選讀其他科學者，對新聞紙已有相當的認識.若再進而入新聞學系，則已有良好的基礎，不用說有更濃厚的興味，或更大的造就了.

我國知道有新聞教育，最初是在全國報界促進會的提議設立新聞學校，那時是民國剛剛成立的時候，大家還不注意，所以不見實行.到了七年北京大學才設立新聞學研究會，課程中增加了新聞學一門.主持的人物是徐寶璜教授，徐氏本來是個留美的學生，在美國受新聞教育的影響很大，這才立下新聞教育的基礎.到了十一年北京平民大學才正式開新聞學系，南方的聖約翰等也有報學系的開辦，這幾年各大學才相繼的開辦新聞學的教育。到了現在有規模的，在北方要算燕京大學，這是中美合辦的，經濟很充足，設備也還完善，這是一種美國式的教育。在南方的要算復旦大學，爲國人自營的唯一新聞學系，在精神方面很可欽佩的，它負這創造新的 journalism 的責任，養成新聞從業者的目的，奮勇的向前做去，這正是目前所最需要的。次如最近時事新報和滬江大學合辦的新聞學專修科，印有緣起及簡章一冊，可供有志人士的閱讀。這裏不多引了。總之，新聞教育到了今日已爲大家所公認爲很需要的，而到了實施的時期了。

問題

一 新聞記者的責職是什麽？

二 內勤記者與外勤記者的分別何在？

三 新聞記者的信條是什麽？

四　做新聞記者應該具有什麼資格。

五　怎樣養成新聞記者?

第七章　新聞事業的概觀

第一節　新聞事業的性質

現代新聞紙既成了人類精神的糧食，新聞事業成了二十世紀三大事業之一。凡從事新聞事業的人對新聞學應有精湛的研究，明確的認識，纔能使新聞事業有長足的發展，和偉大的貢獻。

新聞事業的性質是什麼呢？我曾分析過，共有五種性質：（一）公共性，（二）輿論性，（三）教育性，（四）藝術性，（五）一般性。這五種特質概括來說，第一的公共性，是後四種特質的出發點，第五的一般性，是前四種的總歸宿。日人藤原勘次說：「報紙形式的本質是公告性，內容的本質是新聞素。」這個學說，東西的學者差不多都認為新聞學的原則了。根據這個定理，新聞事業最重要的的性質，可以說是以公共的事業為基礎。換句話說，新聞事業是公衆的事業。

因爲新聞事業是公共的事業，所以和普通的營業不同，從經營的立場來看，新聞事業也好像一種營業的事業，一方以新聞賣給讀者（發行），一方以紙面賣給商人（廣告），單純來說也不能否認爲一種營業，不過在營業的責任上說起來就與一般營業異其旨趣了。新聞事業，雖是一種營業，但這種營業的立足點是建築在公衆利益上面，凡事以公衆的利益爲前提，有損害公衆利益的，縱能獲利也不應該爲普通營業則成個反比例，爲謀達到營業的目的，在手段上有時竟不顧慮到公衆一方面，就這一點上就和新聞事業背道而馳了。

近來的學者對新聞事業的本質大都是折衷於營利的和公益的二說，新聞事業不能純爲營利，和普通的商業等量齊觀，但也不能純爲公益，視爲一種公共的慈善事業。健全的新聞事業，一方是致力於正當的營利方法，以樹立事業的物質基礎，以擴大其爲公衆利益而努力的任務；一方面是認淸新聞事業是建築在公益的立足點上，時時以努力公益的任務的精神，以輔助營業的發展，這兩方面如人的兩手，失其一便不能運用的。由此說來，新聞事業固然不能爲本身的生存（即致力營利方面）而犧牲對社會公衆的責任。同時社會方面也不應單以公益相督責，致危害其生存的機能，所以可稱爲連環式的關係。必先有營業的機關，然後有爲公益而努力的工具；也必有爲公益努力的職務，而後始可引起社會共同扶擁保持此機關的生命。進一步講，所謂公益云者，社會各階級有各人的觀點，此以爲利者，彼以爲弊，新聞事業則應以大多數的利益，大多數的是非，爲自策自存的的標準，違此原則，則社會將予以不閱而惡評的裁制，是不啻自斬其生命了。總而言之，新聞事業應以公益爲精神，以營業爲手段。（此說見前第十二章第三節）

新聞事業的代表物是新聞紙，全世界新聞紙雖多，但把他的內容歸類起來，可分爲三類：

（一）新聞的　這類報是專門供給新聞，傳播各種消息，報告每日每月國際上社會上所發生各種事實的，如我們日常所讀的日報.

(二)評論的　這類報是專門發表意見，及釋注新聞，批評事實的，也酌量附載新聞，如每日論壇，每日評論諸類.

(三)學術的　這類報是專門討論學術研究問題的，所載的大半是科學的發明，或是科學界的新消息，如文學科學各種專門刊物.

普通的報紙是以第一種報告新聞爲主體，而報頭有評論，副刊有學術，差不多對上列的三類都沾染一點，不過以報告新聞爲主體罷了.

就新聞事業的形質和來源，在國家的觀點來區別，也可分爲數種.各國因爲文化程度的不齊，環境優劣的迴異，新聞事業的進展就分出遲快來.英國爲歐洲新聞事業的首府，政論報具有悠久的歷史，體裁編製，造成一種英國式的報紙；美國爲新大陸的大邦，新聞事業跟科學和商業勃興，以興味爲新聞要素，成爲一種美國式的報紙.這英美兩式的報紙，早就成爲新聞學史上的名辭了．若詳細分起來，還有法國式，德國式以及新興的日本式．爲淸眉目起見，分述如下：

（一）英國式　這一派因爲政論時代的因襲，仍注重政論．最要的題材，是意見論說批評一類的稿件．政治記事尤爭聘名記者較一日的短長．在形式方面最顯著的是第一版是廣告，新聞是登在第二版的．

（二）美國式　這一派因無歷史的背境，完全注重新聞方面，對於消息的傳播，務求迅速靈快，報告的方法，也力求引動購買者的注意．而最傾全力的是趣味主義，怎樣引起讀者的興味．故各種消息材料很齊備能隨時應讀者的需要．在形式上與英國式相左，第一版爲新聞．

（三）法國式　這一派注重報告的方法，與事件的輿論，就是新聞應當怎樣發表，事件應當怎樣批評，始能引起讀者的同情，和一般人的狂熱．簡單說，注重方法和體裁，而不注重事實，正和法人文藝的天才，與賦性的瀟灑雋逸的本質一樣.

(四)德國式　這一派向來是注重思想和理論,尤其是科學哲學等學術的探討,於新聞評論方面大戰後始加注意,因戰事受各國新聞政策的惡宣傳,故戰後也趨重新聞方面以與各國對抗.長篇科學記事,探險小說,也是德報的特色.

(五)日本式　這一派最近才興,是合上數派一爐而共冶的,在骨子裏是德國人的科學精神,在描寫上是法國人的藝術手腕,而形式則兼英美之長.東京朝日新聞朝刊是英國式編輯法,而夕刊則爲美國式了.

上面這五種分類,是就大別而言,詳細分析起來當然不是如此簡單的.這沒有多大的關係,我們所應當認識的,是新聞事業雖然是一種營業,但具有公共的性質,與普通的營業不同.營業只是一種手段,歸局還須以公衆利益爲依歸.在讀者不要徒責新聞紙的營業色彩,而經營者又不要忘記了對公共的責任．這樣，新聞事業自然走上了成功之途了．

第二節　新聞與通信事業

新聞紙以報告新聞爲第一義，新聞除新聞社自行蒐集者外，又有通信社爲之輔助．通信社與新聞社關係至爲密切，互爲因果互相援助纔能發揚滋長．因爲新聞紙材料的來源除本社專用的外勤記者、地方通信員及重要都市特派員等外，大宗材料的來源，都是賴着通信社的供給．一個新聞社設備無論怎樣的完善，對社會上國際上的新聞，總不能網羅而沒有遺漏，爲補救於萬一，不得不求助於通信社了．再進一步說，新聞社不但要報告新聞還有指導社會的責任，評判新聞的價值，以及新聞的編製、印刷等工作，要在極短的時間內製成若干萬言的新聞紙，事務至爲繁多，故採材料方面，只有委托一部份於通信社，由此種迫切的需求，通信遂成爲大規模的通信事業了．

歐美新聞界委託通信社蒐集的材料，和其本社所蒐集的，列成對照表如次：

歐美新聞界委託通信社蒐集的材料	本社所蒐集的
一 各社共通的	一 一社單獨的
二 純客觀的	二 主觀地客觀的
三 全國的	三 地方的
四 正面的	四 側面的
五 定期的	五 突發的
六 全體的	六 部份的
七 露出的	七 心理的
八 事實的	八 興味的

由這上面的區別，可見通信社與新聞社各個的責任本來通信社有二大責職，一爲報告消息，這種消息除供給新聞社，並賣給私人和官署的機關。二爲

蒐集材料，以供給各方的需求，但只忠實的敍述，不必加以判斷評論的責任．這二大責任，不是有雄厚的資本專門的人才，爲大規模的組織，及優美完善的設施，是不能勝任愉快的．這是現代通信事業勃興的大原因．現在把世界的通信事業分析起來，約有下面幾種：

（一）營業通信社　通信社的經營者以營利爲目的，不論它是屬於個人的企業，或屬於公司的組織，凡是以新聞賣給需要者爲目的，都屬於營業這一類，換句話說，把新聞當做商品的，卽爲營業通信社．這種營業通信社是獨立的，所以世人稱爲非聯盟派的通信社，像美國的合衆社，英國的路透社（未改組以前）等，都是屬於這一類．大都爲社長獨裁制，最初由於個人的努力，後來擴充成股份的企業，因爲採用領袖的獨裁制，關於事業的責任和發展，沒有可以推諉，而辦事也少所牽制，且易於發揚光大．路透社便是一個最好的例子．但是有利必有弊，通信社與新聞社既立於對等的地位，自然沒有密切的聯絡，同樣的一種消息，新聞社爲求獨異，多用本社的特約新聞，而不用新聞社的報告，反徒耗消變重的費用．次則通信社與新聞社既成交易的關係，代價務求其低，通信社爲自己的利益計，重要詳實的新聞，或以費多而不發，而只以普通的消息，來應酬主顧．再次通信社爲私人的組織，容易被人誤會，而有種種的傳說，如爲某某的宣傳機關，或受某方的津貼之類，於信用上每受影響．這是三種最大的弊端，就今日的通信社組織上來言，這種私人營業的通信社還佔多數，但在歷程上由私人雄圖而漸進爲合作企業了．

（二）官辦通信社　所謂官辦通信社可分爲兩種，一由仰承政府的旨意而創辦的，經費由官廳支給或補助的．這種受政府補助的，也稱做半官式的通信社．另一爲直接由國家經營，如革命後的蘇俄的通信社．這種通信社因爲是政府的宣傳機關，獲到特殊的待遇，消息靈通，很容易發展．但又因爲國營的關係，新聞帶濃厚的色彩，成爲御用的通信社，有違反新聞上正確公平報告的原則。在另一方面說，官辦通信社每隨政局而變遷，社會也認爲官方的消息，帶有宣傳的作用。蘇俄爲一特殊的國家，故通信事業也收爲國營事業之一。大概主張國營有四個理由，(一)通信事業具有公共的性質；(二)通信業爲人類傳達消息之一種，經費應由國庫負擔；(三)通信業也是廣義的社會教育，自非私人所可專有；(四)通信業爲宣傳的利器，應由國家直接主持。有了這四個原因，通信業就收歸國營了。但我們從新聞學原理來觀察，和從言論自由的立足點出發，把通信業變成御用的機關，自然非合理的辦法，也違背新聞正確公平的原則，不過在蘇俄那種特別制度的國家，又當別論了。

(三)聯合通信社　這種通信社以經濟學的名詞來說，可謂新聞的生產者和消費者的合作社。社員以各新聞社爲本位，經費則由各新聞社分擔，爲一非營業的合作機關，目的在謀本身的利益而已。這種聯合社的採訪新聞，由社員各就駐在地搜集，隨時報告總社，再由總社審定，分散於在社之各社員。新聞既可包羅萬有，也可減少遺漏之虞，而人才資力又可節省許多無謂的浪費，在學理上事實上都是很完美的辦法。最初的發源地是美國，日本近來也有這種組織了。這種聯合社的內容以理事會爲最高的機關，由社員公舉若干人，以主持一切重要的事項。但普通事務的執行，則由僱員辦理，以示大公無私，比較前二種通信社的組織，完善得多了。再進一步講，這種組織不啻一種新聞的交換，以最小的勞力，獲到最大的利益，凡需要着鉅大代價的要聞，因爲有了衆力而可辦到；即一事數電的複弊，也可由合作而免除了。而最顯而有力者，營業通信社那種無謂的謠傳，無所施其伎倆了。所以美國聯合通信社得有千數百的社員，五萬里的專用電線，環球各大都市都有社員，勢力非常的偉大，幾有稱雄世界的趨勢，英國路透社遂不得不起而改組了。

上面這三種截然不同的組織，以聯合社最佔優勢。新聞社與通信社日趨合作化，聯合通信社自然風行一世了。

第三節　新聞事業的趨勢

新聞學上的各種問題，上面已約略的講過了．這里再概論新聞事業的趨勢，作個總結束．就現代新聞事業的社會立場來說，已成了一個偉大的企業．於是而發生了下列的各種現象：

（一）新聞業既成了一種企業，在經營上必須構成有適當的系統組織，而有陷入純商業化的趨勢．

（二）新聞紙既成了商品，遂不得不迎合顧客的歡心，新聞每多下級趣味化，廣告又受了大廣告的支配或牽制．

（三）新聞社也仿着企業機關的組織和經營，而同時發生了原料、勞動、管理的各種問題，往往引起了勞資的糾紛．

（四）在新聞紙的販賣上也和其他的商品一樣，為推廣銷場計，為互相競爭計，而致力於販賣的方法。

（五）各新聞社爲招攬讀者，而增設事業部，以服務社會，以引起社會的注意和同情，以樹一報的聲威。

本來新聞社最初是個人創立經營的，很感困難，而且又是一種損失的事業。後來由政治時代進化到新聞時代，受了現代物質文明的推進，既有鉅額的廣告收入，又有多數的讀者，纔變成了一種贏餘的事業。資本主義乘時侵入，投了鉅大的資本，招攬專門的人才，藉着機械的威力，爲完善的設計，已成有把握的企業，纔相繼認爲妥當的投資事業。從此產生了大資本的新聞社，而有前述的五種現象。歸納之爲二大潮流，一是托辣斯化，一是企業組織了。

新聞業的托辣斯化，資本家憑藉物質的大力，任意操縱新聞的報道，或爲了營業的關係，而降低報格去迎合讀者的心理，結果資本家營業的目的達到了，而新聞紙本身反有墮落的傾向。於是有心人士，感受社會公共的新聞機關，成爲資本家的御用品，於社會上所發生不良的影響，將引起的種種危機，而有了反托辣斯的運動.另一部份的新聞從業者，鑒於本身的危機，知有合作的必要.爲集中人才經濟而爲消費的分擔，遂有一種新聞社的組合化了.這可以說是物極必反的現象，新聞業終必進化到公有的新時代，新聞學也將進於更昌明更偉大的新時代.

問題

一 新聞事業的五種特質是什麼?

二 新聞紙是營利的呢?還是公益的呢?

三 世界新聞紙從性質來分類有多少種?

四 新聞社與通信社的關係如何?

五 新聞事業的新趨勢怎樣?

附錄 參考書

一 新聞紙講話 後藤武男 日本東京

二 新聞學 徐寶璜著 北京大學出版部

三 新聞編輯法 張九如等編 中華書局

四 中國報學史 戈公振著 商務印書館

五 新聞概論 王文萱著 現代書局

六 怎樣做一個新聞記者 天廬著 聯合書店

中文名詞索引

（以筆畫多少爲次序）

西文名詞索引

图书在版编目（CIP）数据

新闻学概要 / 黄天鹏编. —北京：中国传媒大学出版社，2018.3
（中国近代新闻学名著系列丛书 / 芮必峰主编）
ISBN 978-7-5657-2277-6

Ⅰ.①新…　Ⅱ.①黄…　Ⅲ.①新闻学　Ⅳ.①G210

中国版本图书馆 CIP 数据核字（2018）第 048676 号

中国近代新闻学名著系列丛书
芮必峰　主编
新闻学概要
XINWENXUE GAIYAO

编　　者　黄天鹏
策划编辑　司马兰　姜颖昳
责任编辑　姜颖昳
封面设计　拓美设计
责任印制　阳金洲

出版发行　中国传媒大学出版社
社　　址　北京市朝阳区定福庄东街 1 号　　邮编：100024
电　　话　86-10-65450532 或 65450528　　传真：010-65779405
网　　址　http://www.cucp.com.cn
经　　销　全国新华书店

印　　刷　北京华联印刷有限公司
开　　本　787mm × 1092mm　1/16
印　　张　10.5
字　　数　90 千字
版　　次　2018 年 6 月第 1 版　2018 年 6 月第 1 次印刷

书　　号　ISBN 978-7-5657-2277-6/G · 2277　　定　　价　59.00 元